职业教育改革创新示范教材 II

汽车传动系统维修

QICHE CHUANDONG XITONG WEIXIU

主　编　　任晓农　张生强
副主编　　王　薇　陈志成

人民交通出版社
China Communications Press

内 容 提 要

本书是职业教育改革创新示范教材之一,其主要内容包括:离合器踏板位置的检查与调整、离合器操纵拉索的检查与更换、汽车起步困难的检修、手动变速器油的检查与更换、手动变速器换挡困难的检修、传动轴(前轮驱动)防尘罩的检查与更换、驱动桥(后轮驱动)异响的检修、自动变速器油(ATF)的检查与更换、自动变速器故障警告灯点亮的诊断。

本书可作为职业院校汽车运用与维修专业、汽车制造与检修专业的教材,也可供汽车维修及相关技术人员参考阅读。

图书在版编目(CIP)数据

汽车传动系统维修 / 任晓农,张生强主编. -- 北京:人民交通出版社,2012.8
ISBN 978-7-114-09865-9

Ⅰ. ①汽… Ⅱ. ①任…②张… Ⅲ. ①汽车 – 转动系 – 车辆修理 – 职业教育 – 教材 Ⅳ. ①U472.41

中国版本图书馆 CIP 数据核字(2012)第 127514 号

职业教育改革创新示范教材Ⅱ

书　　名:	汽车传动系统维修
著 作 者:	任晓农　张生强
责任编辑:	戴慧莉
出版发行:	人民交通出版社
地　　址:	(100011)北京市朝阳区安定门外外馆斜街 3 号
网　　址:	http://www.ccpress.com.cn
销售电话:	(010)59757973
总 经 销:	人民交通出版社发行部
经　　销:	各地新华书店
印　　刷:	北京鑫正大印刷有限公司
开　　本:	787×1092　1/16
印　　张:	10
字　　数:	180 千
版　　次:	2012 年 8 月　第 1 版
印　　次:	2016 年 11 月　第 3 次印刷
书　　号:	ISBN 978-7-114-09865-9
定　　价:	22.00 元

(有印刷、装订质量问题的图书由本社负责调换)

职业教育改革创新示范教材编委会

(排名不分先后)

主　　　任：简玉麟(武汉市交通学校)

副　主　任：曹建波(武汉市交通学校)

　　　　　　袁立新(湖北黄冈交通学校)

　　　　　　徐太长[湖北交通职业技术学院(中职部)]

　　　　　　高德胜(武汉市东西湖职业技术学校)

　　　　　　杨　进(武汉市汽车应用工程学校)

　　　　　　刘　涛(武汉市第三职业教育中心)

　　　　　　龙善寰(武汉机电工程学校)

　　　　　　李　强[湖北十堰职业技术(集团)学校]

　　　　　　余明星(武汉市交通学校)

　　　　　　程　骏(武汉中交盛世图书有限公司)

委　　　员：张宏立、刘惠明、宋波舰、任晓农、蔡明清、何爱明、冯汉喜、

　　　　　　何本琼、易建红、彭万平(武汉市交通学校)

　　　　　　朱帆、吴晓冬(湖北黄冈交通学校)

　　　　　　黄远军、刘小锋、黄刚[湖北交通职业技术学院(中职部)]

　　　　　　邹雄杰、黄丽丽、宗传海、李晶(武汉市东西湖职业技术学校)

　　　　　　周琴、林琪、牛伟华、白建桥、童大成(武汉市汽车应用工程学校)

　　　　　　董劲松、叶婷婷、晏雄波(武汉市第三职业教育中心)

　　　　　　彭无尘、胡罡、宋天齐、孙德勋(武汉机电工程学校)

　　　　　　唐棠、余立明、周松兵[湖北十堰职业技术(集团)学校]

前言 FOREWORD

《国家中长期教育改革和发展规划纲要(2010—2020年)》中提出:大力发展职业教育,把职业教育纳入经济社会发展和产业发展规划,把提高质量作为重点;以服务为宗旨,以就业为导向,推进教育教学改革。实行工学结合、校企合作、顶岗实习的人才培养模式;满足人民群众接受职业教育的需求,满足经济社会对高素质劳动者和技能型人才的需要。

职业教育的发展已作为国家当前教育发展的战略重点之一,但目前学校所使用的教材普遍存在以下几个方面的问题:

(1)学生反映难理解,教师反映不好教;

(2)企业反映脱离实际,与他们的需求距离很大;

(3)不适应新一轮教学改革的需要,汽车车身修复、汽车商务、汽车美容与装潢等专业教材急缺;

(4)立体化程度不够,教学资源质量不高,教学方式相对落后。

针对以上问题,结合人民交通出版社汽车类专业教材的出版优势,我们开发了"职业教育改革创新示范教材"。本套教材以"积极探索教学改革思路,充分考虑区域性特点,提升学生职业素质"的指导思想,采用职教专家、行业一线专家、学校教师、出版社编辑"四结合"的编写模式。教材内容的特点是:准确体现职业教育特点(以工作岗位所需的知识和技能为出发点);理论内容"必需、够用";实训内容贴合工作一线实际;选图讲究,易懂易学。

该套教材将先进的教学内容、教学方法与教学手段有效地结合起来,形成课本、课件(部分课程配)和习题集(部分课程配)三位一体的立体教学模式。

本书由武汉市交通学校任晓农、张生强担任主编,由武汉市交通学校王薇、湖北十堰职业技术(集团)学校陈志成担任副主编,参加编写的还有刘惠明、李丹、马生贵、李坡等。

限于编者的经历和水平,书中难免有不妥或错误之处,敬请广大读者批评指正,提出修改意见和建议,以便再版修订时改正。

职业教育改革创新示范教材编委会

2012年1月

目录 / CONTENTS

学习任务一　离合器踏板位置的检查与调整 …………………………………… 1

学习任务二　离合器操纵拉索的检查与更换 …………………………………… 17

学习任务三　汽车起步困难的检修 ……………………………………………… 29

学习任务四　手动变速器油的检查与更换 ……………………………………… 48

学习任务五　手动变速器换挡困难的检修 ……………………………………… 61

学习任务六　传动轴（前轮驱动）防尘罩的检查与更换 ………………………… 85

学习任务七　驱动桥（后轮驱动）异响的检修 ………………………………… 102

学习任务八　自动变速器油（ATF）的检查与更换 …………………………… 119

学习任务九　自动变速器故障警告灯点亮的诊断 ……………………………… 137

参考文献 ………………………………………………………………………… 154

汽车传动系统维修

学习任务一

离合器踏板位置的检查与调整

完成本学习任务后,你应当能:

1. 知道离合器的作用;
2. 明确离合器踏板的功用;
3. 叙述离合器踏板行程之间的相互关系;
4. 合理正确地使用工量具和设备;
5. 准确并规范地检查离合器踏板高度和行程;
6. 熟练并安全地调整踏板高度和行程。

建议完成本学习任务的时间为 **6** 课时。

 学习任务描述

一辆 1.6L 爱丽舍轿车,行驶 15000km 以后,车主要求对整车进行维护。需要你按照"维护标准和要求",对离合器踏板位置进行检查和调整。

学习任务一　离合器踏板位置的检查与调整

  学习内容

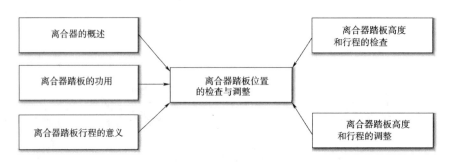

一、资料收集

引导问题1 　离合器的安装位置在哪里？有什么作用？

（1）离合器安装在发动机（飞轮）与变速器之间，如图1-1所示。

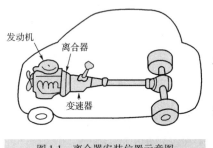

图1-1　离合器安装位置示意图

（2）离合器的作用如下：

①使发动机与传动系统逐渐接合，保证汽车平稳起步；

②适时切断发动机与传动系统联系，便于发动机的起动和变速器换挡；

③急剧改变车速时，可防止传动系统过载而损坏零件。

引导问题2 　离合器的种类有哪些？

（1）摩擦离合器：指利用主、从动部分的摩擦作用来传递转矩的离合器。这种离合器结构简单，性能可靠，维修方便，目前被广泛采用，如图1-2所示。

（2）液力耦合器：指利用液体传递转矩的离合器，多用于自动变速器，如图1-3所示。

（3）电磁离合器：指利用磁力传动的离合器，即靠线圈的通断电来控制离合器的接合与分离，在汽车上，应用于电磁风扇等，如图1-4所示。

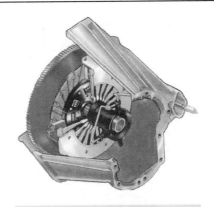

图1-2 摩擦离合器

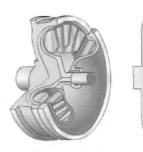

图1-3 液力耦合器

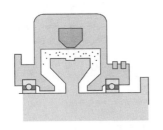

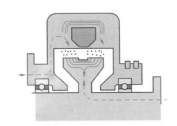

图1-4 电磁离合器

引导问题3 离合器踏板的功用是什么？

（1）离合器踏板安装在驾驶室底部驾驶人左脚易踩位置，如图1-5所示。

（2）离合器踏板与离合器的位置连接关系，如图1-6所示。

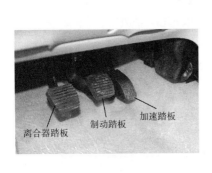

图1-5 离合器踏板的安装位置

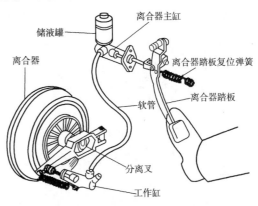

图1-6 离合器踏板与离合器的位置关系图

（3）离合器踏板的功用如下：

①踩下离合器踏板,离合器分离,发动机发出的动力不传递到变速器,如图1-7a)所示;

②释放离合器踏板,离合器接合,发动机发出的动力传递到变速器,如图1-7b)所示。

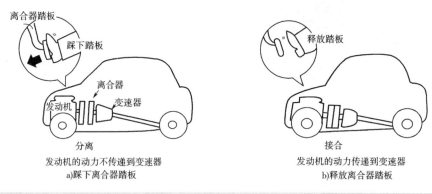

图1-7 离合器踏板功用示意图

引导问题4 离合器踏板位置包括哪些长度概念?

我们这里谈到的离合器踏板位置包括踏板高度和踏板行程。踏板高度是厂家设计好的,一般不可调,而踏板行程是要检查和调整的,包括自由行程、工作行程和总行程。

(1)离合器踏板自由行程:指离合器膜片弹簧内端与分离轴承之间的间隙在踏板上的反映,如图1-8所示。

(2)离合器踏板工作行程:指消除自由间隙后,继续踩下离合器踏板,将会产生分离间隙,此过程所对应的踏板行程是工作行程,如图1-9所示。

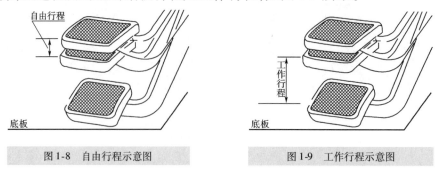

图1-8 自由行程示意图　　图1-9 工作行程示意图

(3)离合器踏板总行程:指踏板在无任何作用力时与踏板踩到底的距离,如图1-10所示。

（4）离合器踏板各行程之间的关系：离合器踏板总行程 = 自由行程 + 工作行程，如图1-11所示。

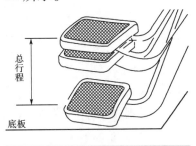
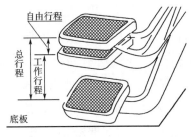

图1-10　总行程示意图　　　　　　　　　图1-11　行程关系示意图

汽车离合器踏板的总行程一般是不变的，如果自由行程变大，那么工作行程就变小，造成与离合器工作缸相连接的推杆移动距离缩短，离合器压盘后移量便减小，使得离合器分离不彻底，导致变速器换挡困难。如果自由行程变小，零件受热膨胀会致使离合器拨叉压住压紧弹簧，使摩擦片处于半分离状态，会造成离合器打滑、摩擦片加剧磨损、分离轴承和压盘总成过早损坏等故障。

小提示

因为爱丽舍轿车膜片弹簧设计形状考虑了受热膨胀的因素，所以自由行程很小，测量时可以忽略不计。

引导问题5　离合器踏板行程技术数据有哪些？

不同车型的离合器踏板行程技术数据略有差别，下边分别列举了两种车型的离合器踏板行程技术要求，见表1-1。

离合器踏板行程技术数据　　　　　　　　　　　　表1-1

技术要求	桑塔纳	爱丽舍
离合器踏板总行程（mm）	131.8～139.1	140～150
离合器踏板自由行程（mm）	15～25	忽略不计
离合器踏板高度（mm）	145～155	145～155
离合器主缸与推杆间隙（mm）	0～1	0～1
离合器踏板最大踏板力（N）	≤122.2（不计复位弹簧的作用）	≤120（不计复位弹簧的作用）

引导问题 6　离合器踏板位置的检查方法是什么？

离合器踏板位置的检查方法有很多，但原理一致。根据各生产厂家的技术要求而进行检查。我们这里介绍两种方法。

（1）方法一：以转向盘为基准，检查离合器踏板行程。

通过测量转向盘与离合器踏板初始位置尺寸 L_1 和测量离合器踏板踩到底后的尺寸 L_2，而得到离合器踏板行程 X 的值：

$$X = L_2 - L_1 = 140 \sim 150\,(\text{mm})$$

如图 1-12 所示，L_1 转向盘与不踩下离合器踏板时的直线距离。

L_2 转向盘与踩下离合器踏板至最低位置时的直线距离。

（2）方法二：以驾驶室底板为基准，检查离合器踏板行程。

通过测量离合器踏板在三种不同受力时与驾驶室底板的距离而得到离合器踏板行程的值，如图 1-13 所示。H 为离合器踏板上表面到驾驶室底板的距离。

H_1 为用手稍用力下压离合器踏板，当感觉阻力增大时，停止下压，此时离合器踏板上平面与底板之间的距离。

H_2 为下压离合器踏板到最低点时距离底板的距离。

则有：$H - H_1$ 为离合器踏板的自由行程；

$H_1 - H_2$ 为离合器踏板的工作行程。

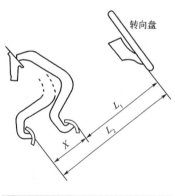

图 1-12　方法一示意图

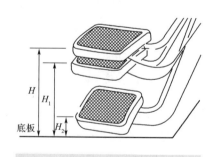

图 1-13　方法二示意图

二、实 施 作 业

以上介绍的两种离合器踏板位置的检查方法，在具体实施作业中均有详细讲解。离合器踏板位置的调整方法根据离合器结构不同操作方法也不同,本书主要介绍了拉索式离合器和液压式离合器踏板位置调整的方法。不同学校可以根据本校实际车型选用合适的方法。本书以1.6L爱丽舍轿车为例,对离合器踏板位置进行检查和调整。

引导问题7 通过查询和查找车辆标识码(VIN),需要填写哪些信息?

查找到车辆标识码(VIN)位置,各个汽车生产厂家的车辆标识码位置不同,根据车辆查找维护资料,例如爱丽舍轿车的车辆标识码(VIN)位置,如图1-14 所示,需要填写以下信息。

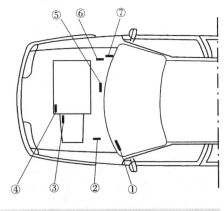

①VIN 标牌_____;
②油漆代码_____;
③变速器标记_____;
④发动机标记_____;
⑤VIN 打印号_____;
⑥备件组织号_____;
⑦制造商铭牌_____。

图1-14 车辆标识码(VIN)位置

引导问题8 离合器踏板位置的检查和调整作业,需要做哪些准备工作?

离合器踏板位置的检查和调整作业前,需要做好如下准备工作。
(1)所需用品的准备。
①工量具和维护资料:钢卷尺(3m),10mm 和 13mm 双头开口梅花扳手,爱丽舍轿车维护资料,如图 1-15 所示。

 小 提 示

不同车型所需的工量具不同,具体工量具可查找相对应车型的技术资料。

②车辆保护装置:脚垫、座椅套、转向盘护套、变速杆手柄套、驻车制动器操纵杆

套、翼子板护裙及前格栅护裙。

③材料：制动液。

（2）汽车进入工位前，将工位清理干净，如图1-16所示。

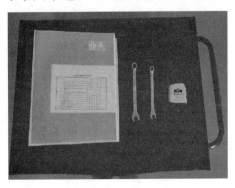

图1-15　工量具和维护资料

图1-16　作业前工位的清理

（3）将汽车停驻在举升机中央位置，如图1-17所示。

（4）打开驾驶室车门，铺设脚垫，如图1-18所示；安装座椅套，如图1-19所示；安装转向盘护套，如图1-20所示；安装变速杆手柄套，如图1-21所示；安装驻车制动器操纵杆套，如图1-22所示。

图1-17　汽车停驻在举升机的中央位置

图1-18　铺设脚垫

图1-19　安装座椅套

图1-20　安装转向盘护套

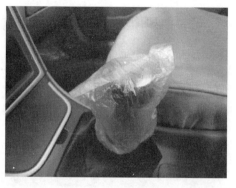

图 1-21　安装变速杆手柄套

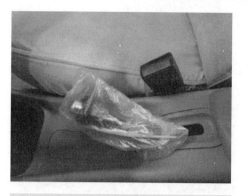

图 1-22　安装制动器操纵杆套

（5）将变速杆置于空挡位置，如图 1-23 所示，拉紧驻车制动器操纵杆，如图 1-24 所示。

图 1-23　将变速杆置于空挡位置

图 1-24　拉紧驻车制动器操纵杆

（6）在驾驶室左下角位置拉动发动机舱盖手柄，如图 1-25 所示；然后打开发动机舱盖开关，如图 1-26 所示；在发动机舱左前方拉起发动机舱盖支撑杆，如图 1-27 所示；可靠支撑发动机舱盖，图 1-28 所示。

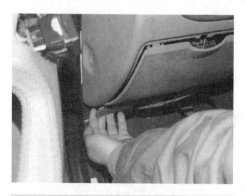

图 1-25　打动发动机舱盖手柄

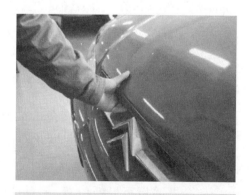

图 1-26　打开发动机舱盖开关

学习任务一 离合器踏板位置的检查与调整

图1-27 拉起发动机舱盖支撑杆

图1-28 支撑发动机舱盖

（7）安装翼子板布和前格栅布，如图1-29所示。

> **引导问题9** 怎样检查离合器踏板位置？

离合器踏板位置的检查方法很多，我们这里只介绍两种方法：一种是针对雪铁龙轿车专用的检查方法，另一种是针对除雪铁龙轿车以外汽车的检查方法。

（1）方法一：以转向盘为基准检查离合器踏板行程。

图1-29 安装翼子板布和前格栅布

小 提 示

离合器踏板位置实施检查前，要做到：
① 踩下、释放离合器踏板30次左右，使离合器踏板回复到正常的位置。
② 检查转向盘高低是否固定，以确保测量的准确性。
③ 在转向盘上确定一点，一般选择转向盘的最低位置。

检查方法如下（以1.6L爱丽舍轿车为例）。

① 不踩离合器踏板，测量此时转向盘至离合器踏板的直线距离 L_1，如图1-30所示，并记录在表1-2中。

② 踩离合器踏板至最低位置，测量此时转向盘至离合器踏板的直线距离 L_2，如图1-31所示，并记录在表1-2中。

图1-30 不踩离合器踏板测量 L_1

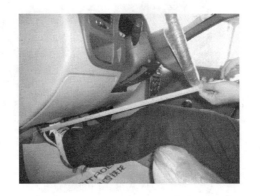
图1-31 踩离合器踏板测量 L_2

③计算离合器踏板行程,并记录在表1-2中。

所测离合器踏板行程与标准数据对照,见表1-2。

离合器踏板行程与标准数据对照表 表1-2

爱丽舍离合器踏板行程测量数据	爱丽舍离合器踏板标准行程	对照结果
$L_1 =$ （mm）		$X_{测量} < X_{标准}$（ ）
$L_2 =$ （mm）	$X_{标准} = 140 \sim 150$（mm）	$X_{测量} > X_{标准}$（ ）
$X_{测量} = L_2 - L_1 =$ （mm）		$X_{测量} = X_{标准}$（ ）

问题:①离合器踏板行程过小会造成_____;

②离合器踏板行程过大会造成_____。

（2）方法二:以驾驶室底板为基准检查离合器踏板行程,检查方法如下。

①踏板处于自然状态时,将300mm的刻度尺保持与底板垂直,测量此时离合器踏板上平面到底板的距离 H,如图1-32所示。

②用手稍用力下压离合器踏板,当感觉阻力增大时,停止下压,测量此时离合器踏板上平面到底板的距离 H_1,如图1-33所示。

③继续下压离合器踏板到底,测量此时离合器踏板上平面到底板的距离 H_2,如图1-34所示。

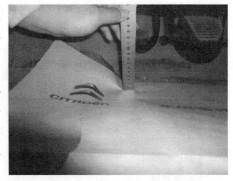
图1-32 自由状态时测量 H

由此得出:离合器踏板的自由行程 $= H - H_1$;

离合器踏板的工作行程 $= H_1 - H_2$。

图1-33 稍用力下压时测量 H_1

图1-34 下压到底测量 H_2

思考：以转向盘为基准或以驾驶室底板为基准检查离合器踏板行程，两种方法有什么不同点？

_____

_____

引导问题10 怎样调整离合器踏板位置？

（1）离合器踏板（拉索式）位置的调整方法如下（以1.6L爱丽舍轿车为例）。

①如果离合器踏板位置数值不正确或踏板过高，需要对离合器踏板行程 X 值进行调整。调整位置在车辆上的位置如图1-35所示。

②离合器踏板（拉索式）调整部位，如图1-36所示，先用10mm的梅花扳手拧松防松螺母，再用13mm梅花扳手按需要，拧紧或拧松调整螺母，检查离合器踏板，以便将行程调整至规定值，（拧紧螺母是增加行程，拧松螺母是减小行程）。最后拧紧防松螺母，查阅爱丽舍维修资料，该放松螺母力矩为6N·m，按照要求拧紧螺母，其他车型拧紧力矩需查阅相关维修资料。

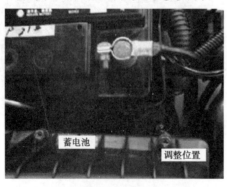
图1-35 离合器踏板（拉索式）行程调整位置

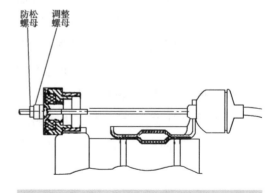
图1-36 踏板（拉索式）调整部位

（2）离合器踏板（液压式）行程调整方法如下。

①检查储液罐中的液面高度。离合器液压操纵系统的储液罐安装在制动主缸上（即离合器液压系统与液压制动系统共用一个储液罐），通过橡胶软管为离合器主缸提供工作油液。如果储液罐中液面过低，将会造成液压管路中油压不足，离合器踏板有效行程缩短，踩下离合器踏板时，离合器分离不彻底，造成换挡困难或无法换挡。

在发动机舱右前方找到储液罐，如图 1-37 所示，检查储液罐中液面的高度，应位于"MIN"和"MAX"刻度线之间的位置，如图 1-38 所示。当储液罐中液量不足时，应添加适量制动液，达到规定液面高度。

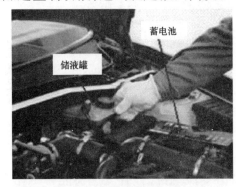

图 1-37　储液罐位置

图 1-38　储液罐油液的检查标记

②排除储液罐及软管中的空气。在离合器踏板全行程快速踩下并任其自己复位，往复 7 次，让离合器踏板升至最高点将制动液注满储液罐；再在离合器踏板全行程快速踩下并任其自己复位，往复 7 次，在进行最后一个动作行程结束时保持住离合器踏板在最低位置。必要时，重复上述操作，将制动液加至制动液储液罐最高位置（MAX），如图 1-39 所示。

③调整离合器踏板行程。离合器踏板（液压式）行程调整部位如图 1-40 所示，首先检查推杆间隙，间隙不符合标准时，松动锁紧螺母，并推动主缸推杆直到推杆间隙正常，然后拧紧锁紧螺母。

图 1-39　踩下离合器踏板

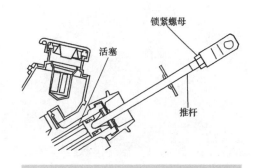

图 1-40　踏板（液压式）调整部位

引导问题 11　离合器踏板位置调整后怎样试车？

（1）将离合器踏板位置调整完毕后，报告老师，得到许可后。打开点火开关，启动发动机，如图 1-41 所示。

启动发动机前，要确认驻车制动器操纵杆已拉紧、变速杆处于空挡位置，切忌带挡启动，防止意外事故发生。

图 1-41　启动发动机

（2）将离合器踏板踩到底，操纵变速杆，变换挡位，检查变速器能否工作正常，如图 1-42 所示。

（3）将变速杆换入一挡，缓慢释放离合器踏板。如果此时发动机转速发生由稳定→下降→抖动→熄灭的变化过程，可证明离合器没有打滑现象，离合器踏板位置正常，如图 1-43 所示。

原因：变速杆换入一挡后，缓慢释放离合器踏板，此时发动机在怠速工况下输出的转矩开始经离合器传递到变速器、驱动桥，最后到驱动轮。但是此时驻车制动器已经将两后轮制动，车辆无法行驶。发动机因动力输出不足而最终熄灭，由此证明离合器没有打滑。

图 1-42　变换挡位

图 1-43　将变速杆换入一挡

引导问题 12 离合器踏板位置的检查与调整作业的结束工作有哪些?

(1)车辆的清理。

①确保变速杆在空挡位置,确保驻车制动器操纵杆拉紧,确保车窗玻璃全部关闭。

②取下点火开关钥匙。

③清除脚垫、座椅套、转向盘护套、变速杆手柄套、驻车制动器操纵杆套,分别放到指定的垃圾箱。

④清洁车辆,关闭车门。

⑤取下翼子护裙和前格栅护裙,还原到指定位置。

⑥取下支撑杆,放下发动机舱盖并关好,清洁发动机舱盖。

(2)工具的清理。

①检查工具有无损坏、丢失。

②清除工具上的灰尘、油渍,将扭力扳手还原到0刻度。

③确认无误后,将所用工具还原到指定位置,便于下次使用。

(3)场地的清理。

①清扫场地垃圾等废弃物。

②拖地,要求场地无水渍、油渍。

三、评价与反馈

(1)对本学习任务进行评价,见表1-3。

评 分 表　　　　　　　　表1-3

考核项目	评分标准	分值	学生自评	小组评价	教师评价	小计
团队合作	是否和谐	5				
活动参与	是否积极主动	5				
安全生产	有无安全隐患	10				
现场5S	是否做到	10				
任务方案	是否正确、合理	15				
操作过程	①作业前的准备工作; ②检查储液罐中的液面高度; ③离合器踏板位置的检查; ④调整后的试车	30				

学习任务一 离合器踏板位置的检查与调整

续上表

考核项目	评分标准	分值	学生自评	小组评价	教师评价	小计
任务完成情况	是否圆满完成	5				
工具与设备使用	是否规范、标准	10				
劳动纪律	是否严格遵守	5				
工单填写	是否完整、规范	5				
	总分	100				
教师签名:			年 月 日		得分	

（2）在实施作业时都有哪些安全注意事项？每个安全注意事项你都注意到了吗？如果没有，找出忽略的地方和原因。

（3）能否向车主解释离合器踏板行程的检查和调整方法？如果不能，分析原因并提出改进措施。

四、学 习 拓 展

（1）有些轿车离合器踏板的自由行程很小（忽略不计），这对离合器的正常使用有影响吗？为什么？

（2）在踩下、释放离合器踏板时为什么要"快踩慢放"？

汽车传动系统维修

学习任务二

离合器操纵拉索的检查与更换

学习目标

完成本学习任务后,你应当能:
1. 知道离合器操纵机构的作用;
2. 明确离合器操纵机构的分类;
3. 明确离合器操纵机构的组成及工作原理;
4. 合理正确地使用工量具和设备;
5. 准确并规范地检查离合器操纵机构;
6. 熟练并安全地拆装离合器踏板;
7. 熟练并安全地拆装离合器主缸;
8. 熟练并安全地拆装离合器工作缸。

 建议完成本学习任务的时间为 **6** 课时。

 学习任务描述

一辆 1.6L 爱丽舍轿车,行驶 15000km 以后,车主要求对整车进行维护。需要你按照"维护标准和要求",对离合器操纵拉索进行检查和更换。

学习任务二　离合器操纵拉索的检查与更换

　学习内容

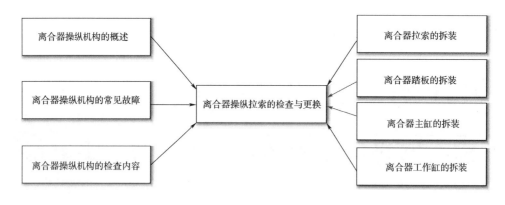

一、资料收集

引导问题 1　离合器操纵机构安装在哪里？有什么作用？

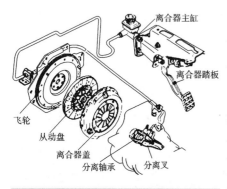

图 2-1　离合器操纵机构的安装位置

（1）离合器操纵机构的安装位置：离合器操纵机构起始于离合器踏板，终止于离合器壳内的分离轴承，如图 2-1 所示。

（2）离合器操纵机构的作用：在配备手动变速器的车辆中，为了保证离合器正常工作，必须保证离合器其主动部分与从动部分可以迅速分离，又可以平顺接合，这就是离合器操纵机构的作用，如图 2-2 所示。

引导问题 2　离合器操纵机构的种类有哪些？它们分别是怎么工作的？

按所用传动装置的形式不同，离合器操纵机构分为机械式操纵机构和液压式操纵机构两类。

（1）机械式离合器操纵机构分为杆式传动操纵机构和绳索传动操纵机构两种。

其工作原理是踩下离合器踏板时,离合器拉索将分离叉拉出原位,然后分离轴承和分离叉转动,推动分离轴承,使其顶推膜片弹簧,从而完成离合器的分离操纵。

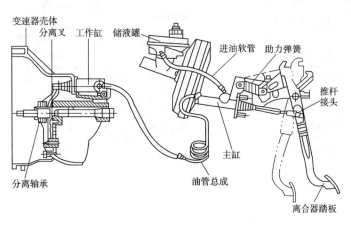

图 2-2　离合器液压操纵机构

①杆式传动操纵机构由离合器踏板、连接杆、调节螺母及离合器踏板复位弹簧等组成。调节螺母用螺纹与连接杆连接,从而可通过调节螺母来调节连接杆的工作长度,以实现踏板自由行程的调整,如图 2-3 所示。

②绳索传动操纵机构由分离叉、内拉索、复位弹簧等组成。绳索传动可消除位移和变形等缺点,且可在一些杆式传动布置比较困难的情况下采用,多用于微型、轻型汽车中,如图 2-4 所示。

(2)液压式操纵机构一般由离合器踏板、离合器主缸(又称总泵)、工作缸

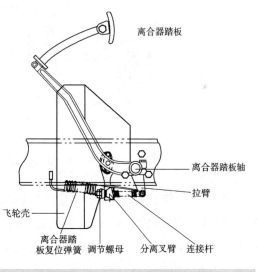

图 2-3　杆式传动操纵机构

(又称分泵)、分离叉、分离轴承和管路系统组成。液压式操纵机构摩擦阻力小、质量轻、布置方便、接合柔和,不受车身车架变形的影响,因此应用较为广泛,如图 2-5 所示。

①离合器主缸:离合器主缸结构如图 2-6 所示。主缸壳体上的回油孔、补偿孔通过进油软管与储液罐相通。主缸内有活塞,活塞两端安装有皮碗,左端中部安装有止回阀,经小孔与活塞右方主缸内腔的油室相通。当离合器踏板处于完全放松位置时,活塞左端皮碗位于回油孔与补偿孔之间,两孔均与储液罐相通。

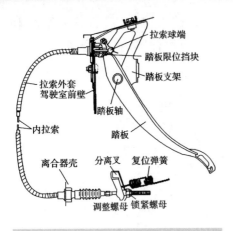

图 2-4 绳索传动操纵机构

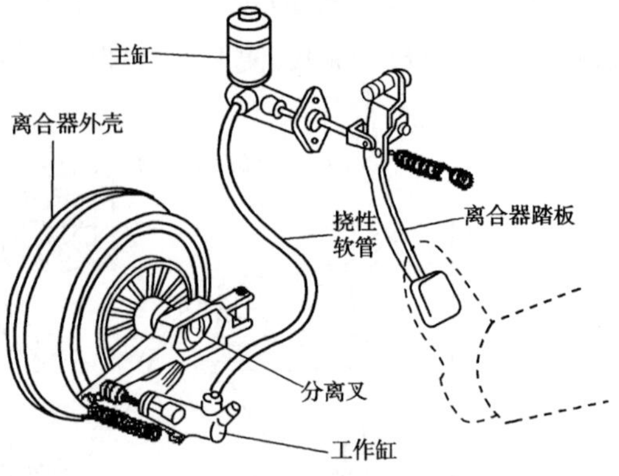

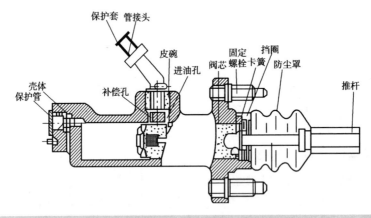

图 2-5 液压式离合器操纵机构

图 2-6 离合器主缸

②离合器工作缸：离合器工作缸结构如图 2-7 所示，工作缸内装有活塞、皮碗、推杆等，壳体上还设有放气螺塞。当管路内有空气存在而导致离合器不能分离时，需要拧出放气螺塞进行放气。工作缸活塞直径略大于主缸活塞直径，故液压系统有增力作用，以便操纵轻便。

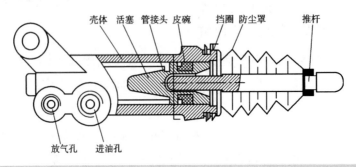

图 2-7 离合器工作缸

(3)液压式离合器操纵机构的工作原理。

①分离过程(踩下离合器踏板):当踩下离合器踏板时,离合器主缸推杆推动主缸活塞,离合器主缸产生油压,压力油经油管使工作缸的活塞推出,经推杆推动分离叉,推移分离轴承等使离合器分离。

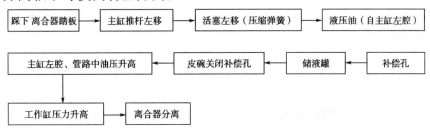

②接合过程(放松离合器踏板):离合器踏板放松时,离合器踏板复位弹簧将离合器踏板拉回,离合器主缸油压消失,各零件复原,离合器接合。

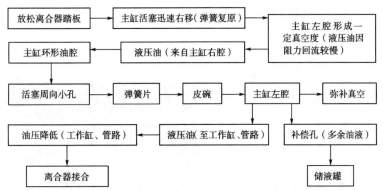

③补偿过程:当管路渗入空气时,可利用补偿孔来排除渗入的空气。补偿过程如下:当踩下离合器踏板难以使离合器分离时,可迅速放松离合器踏板,在离合器踏板复位弹簧的作用下,主缸活塞快速右移,储液罐中的油压从补偿孔经主缸活塞上的止回阀流入活塞左面。再迅速踩下离合器踏板,工作缸活塞前移,以弥补因从动盘磨损或系统渗入少量空气后引起的、在相同离合器踏板位置工作缸移动量的不足,从而保证离合器的正常工作。

二、实施作业

引导问题3 离合器操作机构的检查与调整作业的准备工作有哪些?

离合器操纵机构的检查与调整作业前需要做好如下准备工作:

学习任务二　离合器操纵拉索的检查与更换

（1）整车爱丽舍轿车或爱丽舍轿车的底盘；

（2）每组一套底盘拆装工具、零部件盆；

（3）常用量具；

（4）熟悉汽车维修的安全规则，熟悉举升机的使用方法和注意事项；

（5）维修手册、工单；

（6）车辆保护装置；

（7）汽车进入工位前，将工位清理干净。

引导问题4　离合器踏板拆装工作步骤和技术要求有哪些？

离合器踏板结构如图2-8所示，拆装工作步骤如下。

（1）拆开蓄电池正极接线柱，如图2-9所示。

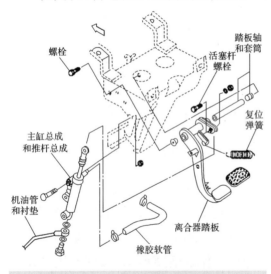

图2-8　离合器踏板结构

图2-9　拆开蓄电池正极接线柱

（2）拆下组合仪表面板，以便能接近离合器踏板的固定件。

（3）在装有拉线操纵离合器的车型上，从离合器踏板上拆开拉线。

（4）在装有液压操纵离合器的车型上，从离合器踏板上拆下主缸连接叉销，然后从安装架上拆下主缸。

（5）从制动踏板上拆下制动助力推杆的连接叉销。

（6）拆开制动灯开关的导线以及因车型不同或选购件不同而附加的任何电缆或固定件。

（7）拧下固定螺母与螺栓，从汽车上拆下踏板支架，两个踏板也连同一起拆下。

(8)拆下弹性挡圈与连接叉销,拆下离合器踏板助力弹簧。

(9)从离合器踏板杠杆上拧下固定螺母与螺栓。注意杠杆的位置,然后把杠杆从花键轴上拆下;放松制动踏板复位弹簧,把离合器踏板及枢轴从踏板支架中拉出来,保留垫圈与衬套等。

(10)必要时,可以用冲头冲出踏板枢轴的衬套。

引导问题5 离合器操纵拉索的检查与更换工作步骤和技术要求有哪些?

(1)离合器操纵拉索的拆卸。

① 断开蓄电池正极电缆,如图2-10所示。

② 拆下空气滤清器总成,如图2-11所示。

图2-10　断开蓄电池正极电缆

图2-11　拆下空气滤清器总成

③ 从分离拨叉臂中拆出离合器拉索,从支架中拉出挡块,如图2-12所示。

④ 断开电源正极电缆,将电控单元从盒中取出,拆下支架,如图2-13所示。

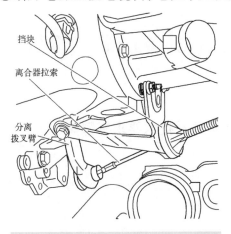

图2-12　拆出离合器拉索

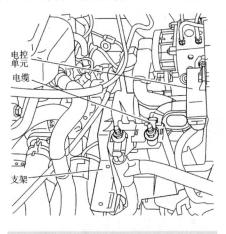

图2-13　取出电控单元

学习任务二　离合器操纵拉索的检查与更换

⑤将离合器拉索套管从支架中脱开，如图2-14所示。

⑥从"a"向推拉索，然后沿"b"向略微抬起，将其从支架中脱出，如图2-15所示。

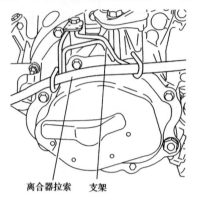

图2-14　离合器套管与支架位置

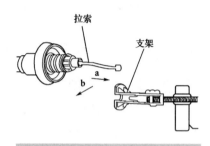

图2-15　脱开离合器套管

⑦将离合器拉索套管从前围板中拉出，取下离合器拉索。

(2) 离合器操纵拉索的安装。

①将拉索套管卡入支架。

②将导管挡块卡入其支架。

③将拉索卡入分离拨叉操纵臂。

④踩动数次离合器踏板，以便安装到位。

⑤检查导管挡块是否就位良好。

⑥安装空气滤清器。

⑦连接蓄电池正极电缆。

　小　提　示

连接蓄电池正极电缆后，进行必要的初始化和设置工作。

引导问题6　离合器主缸拆装工作步骤及技术要求有哪些？

(1) 离合器主缸的拆卸。

①将汽车举升并固定于举升机上。

②断开蓄电池正极电缆。

③拆下左前轮、发动机下护板、左前挡泥板（下部）、空气滤清器总成。

④将"c"处的离合器主缸的球节脱出,如图2-16所示。

⑤脱开"d"处的接头,将制动液储液罐从制动主缸座中拔出,脱开管子,如图2-17所示。

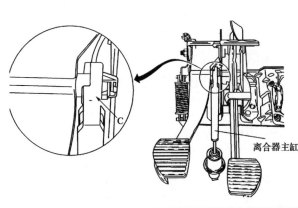

图2-16 离合器主缸位置

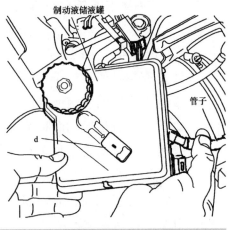

图2-17 拔出制动液罐

小 提 示

①将一容器置于液压管之下,用以收集制动液。
②用堵塞堵住制动液储液罐和软管。

⑥拔出"e"处的卡扣,拆下管子,按照箭头的方向旋转,将离合器主缸从舱壁挡板中拔出,拆下离合器主缸,如图2-18所示。

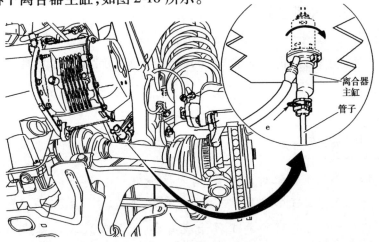

图2-18 拆下离合器主缸

将一容器置于离合器主缸之下,用以收集制动液。

(2)离合器主缸的检查。
①检查主缸的推杆是否有变形或严重磨损的现象。
②检查主缸的皮碗或橡胶密封件是否有磨损、腐蚀、老化现象。
③检查主缸活塞的磨损情况。
④检查主缸的缸壁是否有拉伤和起沟槽的现象。

(3)离合器主缸的安装。
①沿拆卸时相反的方向将离合器主缸重新装在舱壁挡板上,旋转,将离合器主缸锁死。
②将球节连接到离合器踏板上,连接好软管,卡好卡扣,重新装上制动液储液罐,接好接头。
③连接蓄电池的正极电缆。
④安装左前挡泥板(下部)、左前轮、发动机下护板、空气滤清器总成。

引导问题7 离合器工作缸拆装工作步骤和技术要求有哪些?

(1)离合器工作缸的拆卸。
①将汽车举升并固定于举升机上。
②拆卸发动机下护板,拆卸空气滤清器总成。
③脱下"b"处软管,拆下2个螺栓,脱开"a"处的卡夹,拆下离合器工作缸,如图2-19所示。

①拆离合器工作缸时,不要踩离合器踏板。
②将一容器置于液压管之下,用以收集制动液。
③离合器液压系统中的工作油液有毒,严禁嘴吸或接触皮肤。不慎溅入眼睛中应迅速用清水冲洗,严重者应到医院处理。

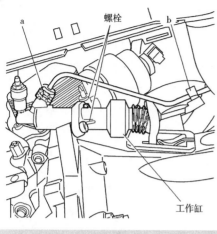

图2-19 离合器工作缸位置示意图

(2)离合器工作缸的检查。

①检查工作缸的皮碗或橡胶密封件是否有磨损、腐蚀、老化现象。

②检查工作缸活塞的磨损情况。

③检查工作缸的缸壁是否有拉伤和起沟槽的现象。

(3)离合器工作缸的安装。

①用润滑脂薄薄地涂抹离合器工作缸的杆头,逐步装上离合器工作缸,重新装上螺栓,卡好卡扣,对离合器液压回路进行排气。

②安装发动机下护板、空气滤清器总成。

引导问题8 离合器操作机构的检查与调整作业的结束工作有哪些?

(1)车辆的清理。

①将车辆复原,并检查拆卸的零件是否已经全部安装到位,固定螺栓、螺母是否按照规定力矩拧紧。

②检查制动液液位是否在规定范围(液压式离合器操纵机构)。

(2)工具的清理:详见学习任务一引导问题12。

(3)场地的清理:详见学习任务一引导问题12。

三、评价与反馈

(1)对本学习任务进行评价,见表2-1。

评 分 表   表2-1

考核项目	评 分 标 准	分值	学生自评	小组评价	教师评价	小计
团队合作	是否和谐	5				
活动参与	是否积极主动	5				
安全生产	有无安全隐患	10				
现场5S	是否做到	10				
任务方案	是否正确、合理	15				
操作过程	①作业前的准备工作; ②离合器拉索的检查及更换; ③离合器工作缸的拆装	30				

学习任务二　离合器操纵拉索的检查与更换

续上表

考核项目	评分标准	分值	学生自评	小组评价	教师评价	小计
任务完成情况	是否圆满完成	5				
工具与设备使用	是否规范、标准	10				
劳动纪律	是否严格遵守	5				
工单填写	是否完整、规范	5				
总分		100				
教师签名：			年　月　日		得分	

（2）在实施作业时都有哪些安全注意事项？每个安全注意事项你都注意到了吗？如果没有，找出忽略的地方和原因。

（3）能否向车主解释离合器操纵机构的检查和调整方法？如果不能，分析原因并提出改进措施。

四、学习拓展

为何要及时排出液压式离合器操纵机构油路中的空气？不及时排出有何危害？

汽车传动系统维修

学习任务三

汽车起步困难的检修

学习目标

完成本学习任务后,你应当能:
1. 掌握离合器的结构;
2. 明确离合器的工作原理;
3. 了解离合器的故障原因及排除方法;
4. 了解离合器拆装方法;
5. 合理正确地使用工量具和设备;
6. 掌握离合器从动组件的拆装方法;
7. 能够进行汽车起步困难的检查。

 建议完成本学习任务的时间为 6 课时。

 学习任务描述

一辆 1.6L 爱丽舍轿车,行驶一段距离后,车主发现汽车能正常起动、换挡,但是很难起步。请你根据以上现象对汽车进行检测,找出故障原因并维修。

学习任务三　汽车起步困难的检修

学习内容

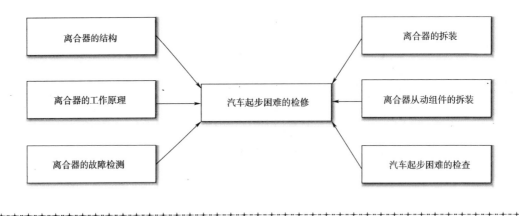

一、资料收集

引导问题 1　离合器的结构是怎样的？各部分之间的作用有哪些？

离合器的类型我们在学习任务一已经讲过，这里我们只讲机械摩擦式离合器。

摩擦式离合器种类虽多，但其组成和工作原理基本相同，都由主动部分、从动部分、压紧装置、分离机构和操纵机构五大部分组成。

1 膜片弹簧式离合器的结构

膜片弹簧整体呈锥形，由分离指和碟簧两部分组成。膜片弹簧式离合器的结构如图 3-1 所示。

（1）主动部分。离合器主动部分由飞轮、离合器盖和压盘组成。压盘和离合器盖之间通过三组或四组从动片来传递转矩，这种传动方式没有传动间隙，没有传动部位的磨损问题，维修工作量小，传动效率高，且无冲击噪声及压盘定心性能变坏等问题。如图 3-1 中的离合器盖和压盘、分离套筒为主动部分。

（2）从动部分。离合器从动部分包括从动盘和从动轴。从动盘分为不带扭转减振器和带扭转减振器两种。为了使离合器接合柔和、起步平稳，单片离合器从动盘钢片具有轴向弹性结构。如图 3-1 中的从动盘为从动部分。

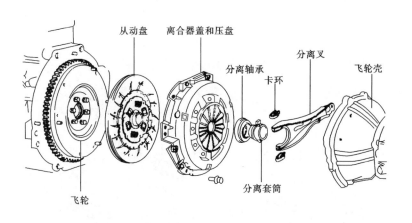

图 3-1　膜片弹簧式离合器的结构

（3）压紧装置与分离机构。离合器压紧装置与分离机构由膜片弹簧、枢轴环、传动片等组成，如图 3-2、图 3-3 所示。

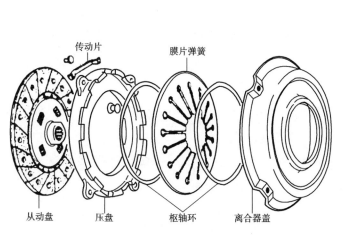

图 3-2　膜片弹簧式离合器盖和压盘分解图

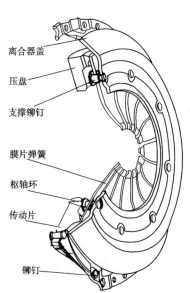

图 3-3　膜片弹簧式离合器盖和压盘示意图

（4）操纵机构在学习任务二已经讲过，本单元不再重复。

2　膜片弹簧式离合器的特点

膜片弹簧式离合器具有结构简单、轴向尺寸小、良好的弹性性能、能自动调节压紧力、操纵轻便、高速时压紧力稳、分离杠杆平整、无需调整、高速平衡性好、散热通风好、摩擦片的使用寿命长等优点，因此在中小型汽车上广泛使用。

3 周布弹簧式离合器

周布弹簧式离合器的构造,如图 3-4 所示。

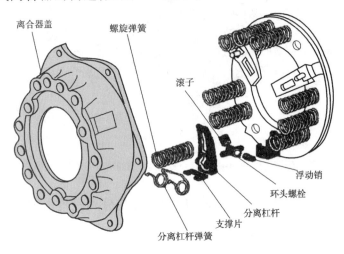

图 3-4　周布弹簧式离合器

(1) 主动部分和从动部分。周布弹簧式离合器的主动部分、从动部分的结构与膜片弹簧式离合器基本相同。主动部分包括飞轮、压盘、离合器盖等。从动部分包括从动盘、从动轴(即变速器第一轴)。

(2) 压紧机构。周布弹簧式离合器的压紧机构由若干根螺旋弹簧组成,螺旋弹簧沿压盘周向对称布置,装在压盘和离合器盖之间。

(3) 分离机构。分离叉与其转轴制成一体,轴的两端靠衬套支撑在离合器壳上。

(4) 操纵机构在学习任务二已经讲过,本单元不再重复。

4 周布弹簧式离合器的特点

周布弹簧式离合器的结构高度较大,部件较多,离合器分离时踏板力越大离合器分离越彻底。

 小　提　示

从上面的介绍中可以看出,膜片弹簧既是压紧弹簧,又是分离杠杆,使结构简化了。另外膜片弹簧的弹簧特性优于圆柱螺旋弹簧,所以膜片弹簧式离合器的应用越来越广泛,在各种车型上都有应用。

引导问题2 离合器工作原理是什么？

在这里以膜片弹簧式离合器为例，讲解离合器的工作原理，如图3-5所示。

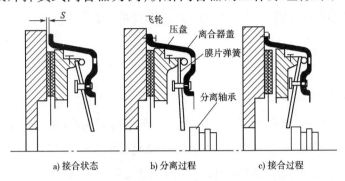

图3-5　膜片弹簧式离合器的工作原理

1 接合状态

离合器在接合状态下，操纵机构各部件在复位弹簧的作用下回到各自位置，压紧弹簧与分离轴承之间保持有一定的间隙，压紧弹簧将飞轮、从动盘和压盘三者压紧在一起，发动机的转矩经过飞轮及压盘通过从动盘两摩擦面的摩擦作用传给从动盘，再由从动轴输入变速器。

2 分离过程

分离离合器时，驾驶人踩下离合器踏板，分离套筒和分离轴承在分离叉的推动下，先消除分离轴承与分离杠杆内端之间的间隙，然后推动分离杠杆内端前移，使分离杠杆外端带动压盘克服压紧弹簧作用力后移，摩擦作用消失，离合器的主、从动部分分离，中断动力传动。

3 接合过程

接合离合器时，驾驶人缓慢抬起离合器踏板，在压紧弹簧的作用下，压盘向前移动并逐渐压紧从动盘，使接触面间的压力逐渐增加，摩擦力矩也逐渐增加；当飞轮、压盘和从动盘之间接合还不紧密时，所能传动的摩擦力矩较小，离合器的主、从动部分有转速差，离合器处于打滑状态；随着离合器踏板的逐渐抬起，飞轮、压盘和从动盘之间的压紧程度逐渐紧密，主、从动部分的转速也渐趋相等，直到离合器完全接合而停止打滑,接合过程结束。

引导问题3 离合器常见故障有哪些?产生这些故障的原因有哪些?

离合器常见的故障有离合器打滑、分离不彻底、接合不平顺和异响等。

1. 离合器打滑

① 离合器打滑的现象

汽车低挡起步时,离合器踏板抬起后,汽车不能起步或起步不灵敏;汽车加速行驶时,行驶速度不能随发动机转速的升高而升高,且伴随有离合器发热、产生煳味或冒烟等现象;拉紧驻车制动器操纵杆低挡起步时,发动机不熄火。

② 离合器打滑的原因及排除方法

离合器打滑的根本原因是离合器的主、从动部分摩擦力矩不足,发动机输出转矩不能全部传给传动系统。导致离合器打滑的原因较多,主要原因及排除方法,见表3-1。

离合器打滑的原因及排除方法　　　　　　　　　　　表3-1

序号	原因	排除方法
1	离合器踏板自由行程过小或没有	按规定调整离合器踏板行程
2	发动机支座是否松动、移位	按规定力矩紧固螺栓
3	离合器盖固定螺栓松动	按规定力矩紧固螺栓
4	分离轴承及分离套筒运动发卡不能复位	润滑或更换分离轴承及分离套筒
5	从动盘摩擦片磨损过薄或粘有油污	修理或更换从动盘摩擦片
6	压紧弹簧是否损坏或弹力不足	更换压紧弹簧
7	压盘或飞轮变形、磨损	磨平或更换压盘或飞轮

2. 离合器分离不彻底

① 离合器分离不彻底的现象

发动机怠速运转时,踩下离合器踏板换挡困难,且伴随齿轮撞击声;勉强换入挡位,离合器踏板未抬起汽车就起步或发动机熄火;行驶中,换挡困难,且伴随齿轮撞击声。

2 离合器分离不彻底的原因及排除方法

离合器分离不彻底的根本原因是：离合器踏板踩到底时，其压板远离从动盘的移动量过小，或离合器主从动件变形导致压板与摩擦片有所接触不能分离。其具体原因及排除方法见表3-2。

离合器分离不彻底的原因及排除方法　　　　　　　　　　　表3-2

序号	原因	排除方法
1	离合器踏板行程过小	按规定调整离合器踏板行程
2	从动盘翘曲，铆钉松脱，摩擦衬片松动	检修或更换从动盘
3	压盘受热变形翘曲	更换压盘
4	膜片弹簧弹力减弱或分离指端磨损过度	更换膜片弹簧
5	膜片弹簧分离指端不平齐	调平膜片弹簧分离指端
6	离合器操纵机构中拉索端头紧固螺栓松动或紧固螺栓失效	紧固或更换拉索端头螺栓
7	离合器操纵拉索机构发卡，离合器踏板踩不到底	检修拉索机构

3 离合器接合不平顺

1 离合器接合不平顺的现象

汽车起步时，严格执行操作规程，离合器接合时产生振抖，严重时整车都产生振抖现象。

2 离合器接合不平顺的原因及排除方法

离合器发抖的根本原因是压盘表面与从动盘摩擦片表面、飞轮接触表面之间，在同一平面内接触有先后而不是同一时间，使得接触不平顺引起发抖。其具体原因及排除方法见表3-3。

离合器接合不平顺的原因及排除方法　　　　　　　　　　　表3-3

序号	原因	排除方法
1	从动盘摩擦片油污、破裂、凸凹不平或铆钉外露	清洗、检修或更换从动盘摩擦片
2	压盘、从动盘磨损不均或翘曲不平	更换从动盘
3	从动盘摩擦片扭振弹簧失效	更换从动盘
4	离合器从动盘花键磨损过大	更换
5	变速器第一轴变形超限	更换
6	发动机支撑松动，变速器壳体固定螺栓松动等	按规定力矩紧固螺栓

学习任务三 汽车起步困难的检修

4 离合器异响

1 离合器异响的现象

离合器分离和接合时产生不正常的响声。

2 离合器异响的原因和排除方法

（1）离合器分离轴承响。分离轴承响的原因是由于分离轴承与膜片弹簧的分离指长时间接合旋转，造成储存在轴承内的润滑脂耗尽，使轴承内滚珠缺油而进行干摩擦或轴承失效（卡死或损坏）。轿车离合器分离轴承为封闭式，装配时注入润滑脂，平时无法加油，因此其分离轴承有异响时，应更换。

（2）离合器接合时发响，松下离合器踏板瞬间发响的根本原因在于，主、从动件连接部位松旷，而当离合器主、从动件接合的瞬间，由于惯性冲击的作用，在松旷处发生运动件移动撞击的响声。具体原因及排除方法见表3-4。

离合器异响的原因及排除方法　　　　　　　　表3-4

序号	原　　　因	排　除　方　法
1	摩擦片齿毂花键齿与变速器第一轴花键磨损松旷	更换摩擦片齿毂或变速器第一轴
2	飞轮与曲轴连接螺栓松动	按规定的力矩对螺栓进行拧紧
3	飞轮与离合器盖连接螺栓松动	按规定的力矩对螺栓进行拧紧
4	摩擦片铆钉松动	更换铆钉

引导问题4 离合器出现打滑现象的诊断流程是什么？

离合器出现打滑的诊断流程，如图3-6所示。

引导问题5 离合器零件的检查有哪些？

1 离合器摩擦片总成的检查

（1）离合器摩擦片总成的外观目检。
①离合器表面是否磨损或受到油污染。
②扭力弹簧是否损坏或太软。
③离合器摩擦片是否翘曲或磨损。

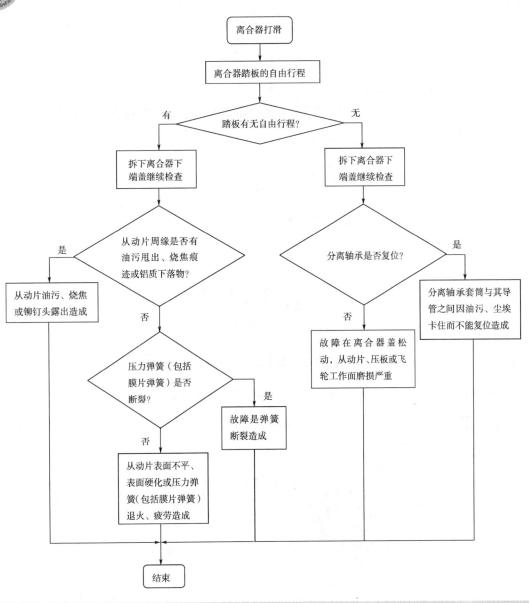

图 3-6 离合器打滑的诊断流程图

问题：①当离合器表面受到油的污染时,汽车容易发生哪些故障现象？阐明原因。

②当离合器片翘曲时,汽车容易发生哪些故障现象？阐明原因。

(2)离合器摩擦片的检查。

①离合器摩擦片的检查,如图3-7所示,用游标卡尺,测量铆钉头部深度。

测量值:_____;极限值:_____。

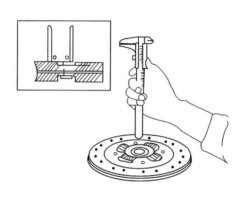

图3-7 离合器摩擦片的检查示意图

②用百分表检查离合器摩擦片总成的摆动,如图3-8所示。

测量摆动量:_____;标准值:_____。

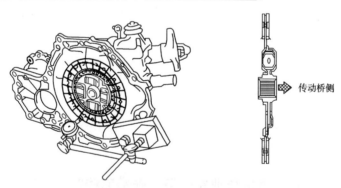

图3-8 检查离合器摩擦片总成的摆动

(3)离合器盖的检查。离合器盖的检查,如图3-9所示,用游标卡尺检查膜片弹簧磨损的深度和宽度。

A(深度):_____;B(宽度):_____。

(4)飞轮的检查。飞轮的检查,如图3-10所示,使用百分表检查飞轮的摆动。

测量摆动值:_____;标准值:_____。

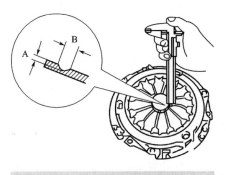
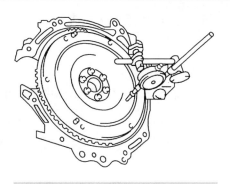

图 3-9　检查膜片弹簧宽度和深度　　　图 3-10　检查飞轮摆动

2 离合器分离轴承的检查

离合器分离轴承的检查,如图 3-11 所示,在轴承上施力并转动分离轴承。

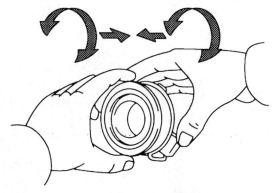

图 3-11　检查分离轴承

二、实 施 作 业

引导问题 6　**离合器拆装作业的准备工作有哪些?**

离合器种类不同拆装的方法也不同,本书主要介绍单片摩擦式膜片弹簧离合器的调整的方法。不同学校可以根据本校实际车型选用合适的方法。离合器的拆装作业准备工作如下:

(1) 整车爱丽舍轿车或爱丽舍轿车底盘;

(2) 每组一套底盘拆装工具、零部件盆;

(3) 常用量具;

(4)熟悉汽车维修的安全规则,熟悉举升机的使用方法和注意事项;

(5)维修手册、工单;

(6)车辆保护装置;

(7)汽车进入工位前,将工位清理干净。

引导问题7　离合器拆装的实施步骤是什么?

发生在离合器中的大多数故障通常需要拆开检修,因而离合器的拆装是离合器维修的一项重要工作。对于爱丽舍轿车,拆卸离合器时不需拆下发动机。

1 离合器的拆卸方法

(1)用举升机举升汽车,当车轮刚离地时停止,左右摇动汽车,检查汽车是否平稳,如图3-12所示;最后将举升机举升到高位,关闭举升机电源,如图3-13所示。

图3-12　检查汽车是否平稳

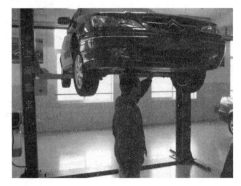
图3-13　将车辆举升到高位

(2)拆下发动机底部护板,如图3-14所示。

(3)拆下变速器总成,如图3-15所示(详见学习任务二)。

图3-14　拆下发动机底部护板

图3-15　拆下变速器总成

（4）为便于在装配时保持原来的旋转平衡，用粉笔或记号笔标记压盘总成与飞轮的接合位，如图3-16所示。

（5）将专用的定位心轴插入离合器从动盘花键孔，托住离合器从动盘，以免拆离合器时从动盘坠地而损坏，如图3-17所示。

（6）按对角线方向，采取每次拧松半圈的方式拆下压盘总成与发动机飞轮的连接螺栓，拆下离合器总成，如图3-18所示。

图3-16　标记压盘总成和飞轮的接合位

图3-17　用定心轴拖住离合器从动盘

图3-18　拆下离合器总成

（7）拧下分离钩固定螺栓，将膜片弹簧与压盘及离合器盖分开，如图3-19所示。

（8）从变速器上拆下分离轴承和分离叉，如图3-20所示。

图3-19　将膜片弹簧与压盘及离合器盖分开

图3-20　拆下分离轴承和分离叉

2　离合器的装配过程

离合器的装配是在离合器各零件全部修复后进行的重要工序，它直接影响着离合器的正常工作,按与拆卸相反的顺序装离合器。离合器的装配关系,如图3-21所示。装配时应注意下列问题。

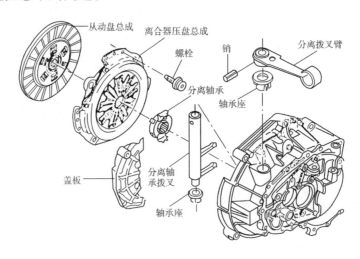

图3-21 离合器总成及装配关系图

（1）从动盘上的减振弹簧面应与压盘相对,如图3-22所示。

（2）用专用工具定位心轴7011-T装摩擦片和离合器总成,对准拆时压盘总成与飞轮的标记和定位销孔,按对角逐渐拧紧飞轮与压盘总成的6个固定螺栓,其紧固力矩为15N·m,如图3-23所示。

图3-22 减振弹簧面与压盘相对

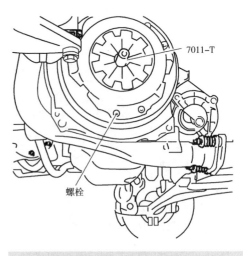

图3-23 用专用工具安装离合器

（3）膜片弹簧分离指端部应平齐。可用塞尺测量膜片弹簧分离指端面与专用工具之间的间隙,如图3-24所示,其间隙均应小于0.5mm,如不平整,可用专用工具调整膜片弹簧,确保分离指端部平齐。若膜片弹簧分离指端部不平,则离合器分离不彻底,汽车起步发抖,换挡困难。

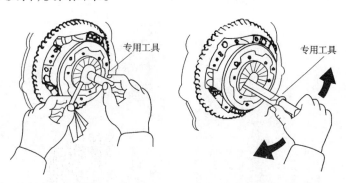

图3-24 检查并调整膜片弹簧分离指端平面度

(4)变速器总成装入发动机壳体时,应注意检查是否装上两个定位环,应确保定位环在发动机与变速器总成之间的定位作用,使变速器总成正确就位。

(5)安装时,应在分离轴承导向套、从动盘花键、变速器第一轴承盖、分离拨叉轴承、踏板轴与衬套、分离操纵钢索等处涂以2号锂基脂,使之运动灵活,工作可靠。

(6)装配离合器时,应按规定的力矩拧紧有关的螺栓、螺母。爱丽舍车型力矩见表3-5。

离合器装配的有关螺栓、螺母拧紧力矩　　　　　　　　　　表3-5

序　号	名　　称	拧紧力矩(N·m)
1	离合器盖与飞轮连接螺栓	15
2	离合器压盘保持架紧固螺栓	20
3	离合器踏板主销螺母	25
4	离合器拉索末端锁紧螺母	6
5	变速器总成与发动机连接螺栓	35

3　离合器安装后的试车

(1)将离合器调整完毕后,报告老师,得到许可后。打开点火开关,启动发动机,如图3-25所示。

(2)汽车正常起动后将离合器踏板踩到底,将变速杆换入一挡,缓慢释放离合器踏板。检查汽车能否正常起步,如图3-26所示。

(3)汽车正常行驶后将离合器踏板踩到底,操纵变速杆,变换挡位,缓慢释放离合器踏板,检查汽车行驶是否平稳。

图 3-25　启动发动机

图 3-26　变换挡位

4 离合器拆装的结束工作

(1)车辆的清理:详见学习任务一引导问题 12。

(2)工具的清理:详见学习任务一引导问题 12。

(3)场地的清理:详见学习任务一引导问题 12。

引导问题 8　汽车起步困难的检测——怎样确定是离合器打滑(流程)?

汽车起步困难的原因有很多,这里我们主要讨论由离合器打滑造成的汽车起步困难该如何检测。

1 准备工作

(1)所需用品的准备:车辆保护装置。

(2)安装好车辆保护装置,详见学习任务一。

2 汽车起步困难的检测步骤

汽车起步困难的检测方法主要有两种,一种是在举升机上检查,另一种是在路面实际起步检查,各学校可以根据本校实际情况选择检测方法。

(1)方法一。

①用举升机举升汽车,当车轮刚离地时停止,左右摇动汽车,检查汽车是否平稳,最后将举升机举升到汽车轮胎离地面 20cm 时停止,关闭举升机电源。

②拉紧驻车制动器操纵杆,并用右脚将制动器踏板踩到底,保证四个轮胎全部制动。

③起动汽车,将离合器踏板踩到底,将变速杆换入一挡,缓慢释放离合器踏板使离合器逐渐接合。

④如果此时发动机无负载感,发动机又不熄火,说明汽车起步困难是由于离合器打滑造成。

原因梳理:变速杆换入一挡后,缓慢释放离合器踏板,此时发动机在怠速工况下输出的转矩开始经离合器传递到变速器、驱动桥,最后到驱动轮。但是此时四个轮胎全部被制动,发动机会因为动力输出不足而最终熄灭,如果此时发动机没有熄火,发动机动力并没有传输到变速器,可见离合器存在打滑现象。

小 提 示

由于东风雪铁龙轿车离合器的膜片弹簧分离指与分离轴承是常接合的,所以离合器踏板无空行程。因此,操作时要特别注意少用半脚离合器,以免离合器打滑、磨损。

(2)方法二。

①将汽车停放到开阔地带,起动汽车,将离合器踏板踩到底,将变速杆换入一挡。

②缓慢释放离合器踏板使离合器逐渐接合,适当轻踩加速踏板,如果此时汽车非常缓慢甚至无法起步,发动机也没有熄火,说明离合器存在打滑现象。

③汽车起步后踩加速踏板,发动机转速明显提高,但是汽车行驶车速并没有明显提高。有时甚至能嗅到离合器摩擦片的焦味,说明离合器存在打滑现象。

3 汽车起步困难的检修调整后的试车

详见离合器安装后的试车。

4 汽车起步困难的检修结束工作

(1)车辆的清理:详见学习任务一引导问题12。

(2)工具的清理:详见学习任务一引导问题12。

(3)场地的清理:详见学习任务一引导问题12。

三、评价与反馈

(1) 对本学习任务进行评价,见表3-6。

评 分 表　　　　　　　　　表3-6

考核项目	评分标准	分值	学生自评	小组评价	教师评价	小计
团队合作	是否和谐	5				
活动参与	是否积极主动	5				
安全生产	有无安全隐患	10				
现场5S	是否做到	10				
任务方案	是否正确、合理	15				
操作过程	①作业前的准备工作; ②离合器的拆装操作; ③汽车起步困难的检查; ④调整后的试车	30				
任务完成情况	是否圆满完成	5				
工具与设备使用	是否规范、标准	10				
劳动纪律	是否严格遵守	5				
工单填写	是否完整、规范	5				
总分		100				
教师签名:			年　月　日		得分	

(2) 在实施作业时都有哪些安全注意事项?每个安全注意事项你都注意到了吗?如果没有,找出忽略的地方和原因。

(3)能否向车主解释汽车打滑可能存在的原因及检查方法？如果不能,分析原因并提出改进措施。

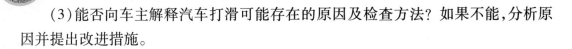
四、学习拓展

(1)离合器分离不彻底有哪些现象？可能是哪些原因导致该故障？我们应该如何诊断？画出故障树。

(2)还有哪些故障会导致汽车起步困难？该如何检测？

学习任务四

手动变速器油的检查与更换

学习目标

完成本学习任务后,你应当能:
1. 知道变速器的位置及作用;
2. 了解变速器的种类;
3. 掌握手动变速器油的作用;
4. 了解手动变速器油的技术数据及相关环保知识;
5. 准确规范地检查手动变速器油;
6. 熟练安全地更换手动变速器油。

 建议完成本学习任务的时间为 **4 课时**。

 学习任务描述

一辆1.6L爱丽舍轿车行驶60000km后进行汽车维护,请你检查手动变速器油是否需要更换。

学习内容

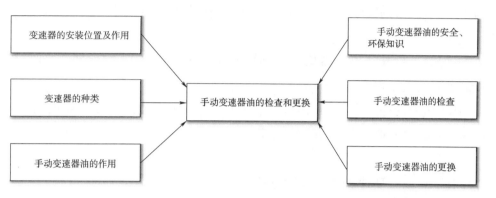

- 变速器的安装位置及作用
- 变速器的种类
- 手动变速器油的作用

→ 手动变速器油的检查和更换 ←

- 手动变速器油的安全、环保知识
- 手动变速器油的检查
- 手动变速器油的更换

一、资料收集

引导问题 1 变速器的安装位置在哪里？有什么作用？

（1）变速器安装在离合器与传动轴之间。发动机前置前轮驱动有发动机纵向布置和发动机横向布置两种形式，配用的二轴式变速器也有两种不同的结构形式。发动机纵置时，主减速器为一对锥齿轮，桑塔纳 2000 等轿车采用，如图 4-1 所示；发动机横置时，主减速器采用一对圆柱齿轮，如雪铁龙轿车采用，如图 4-2 所示。

图 4-1　发动机纵置的二轴式变速器安装位置示意图

图 4-2　发动机横置的二轴式变速器安装位置示意图

(2)变速器的作用如下:

①实现变速、变矩。改变传动比,扩大驱动轮转速和转矩的变化范围,满足不同行驶条件对牵引力的需要,使发动机尽量在有利的工况下工作,变速器设置了不同挡位。

②实现倒车行驶。离合器从动轴旋转方向是不变的,为了满足汽车倒车行驶的需要,变速器设置了倒挡。

③中断动力传递。在发动机起动、怠速运转、汽车换挡或需要停车时,需要中断向驱动轮的动力传递,变速器设置了空挡。

引导问题2　变速器种类有哪些?

(1)按传动比的变化方式分类,变速器可分为有级式变速器、无级式变速器和综合式变速器三种。

①有级式变速器:有几个可选择的固定传动比,采用齿轮传动。又可分为:齿轮轴线固定的普通齿轮变速器和部分齿轮(行星齿轮)轴线旋转的行星齿轮变速器两种,如图4-3所示。

②无级式变速器:传动比可在一定范围内连续变化,常见的有液力式、机械式和电力式等,如图4-4所示。

图4-3　有级式变速器

图4-4　无级式变速器

③综合式变速器:由有级式变速器和无级式变速器共同组成的,其传动比可以在最大值与最小值之间几个分段的范围内作无级变化,如图4-5所示。

(2)按操纵方式分类,变速器可以分为手动变速器、自动变速器和手自一体变速器三种。

①手动变速器(MT)：靠驾驶人直接操纵变速杆换挡，如图4-6所示。

图4-5 综合式变速器

图4-6 手动变速器

②自动变速器(AT)：传动比的选择和换挡是自动进行的。驾驶人只需操纵加速踏板，变速器就可以根据发动机的负载信号和车速信号来控制执行元件，实现挡位的变换，如图4-7所示。

③手自一体变速器：可分为两类，一类是部分挡位自动换挡，部分挡位手动（强制）换挡；另一类是预先用按钮选定挡位，在踩下离合器踏板或松开加速踏板时，由执行机构自行换挡，如图4-8所示。

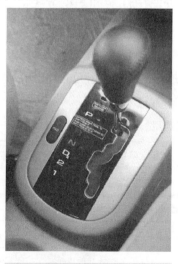

图4-7 自动变速器

图4-8 手动自动一体变速器

引导问题3 手动变速器油的有哪些功用？

手动变速器中变速齿轮啮合紧密，不添加齿轮油容易导致齿轮磨损剧烈，影响手动变速器使用寿命。添加车辆齿轮油主要是齿轮油有以下功用：

(1) 降低变速器齿轮之间、拨叉等零件的磨损，延长齿轮寿命。

(2) 降低变速器齿轮之间的摩擦，减少发动机功率损失。

(3) 分散变速器齿轮摩擦产生的热量，起一定的冷却作用。

(4) 防止变速器齿轮和变速器壳体的腐蚀和生锈。

(5) 降低变速器齿轮换挡工作时的噪声、减少振动及齿轮间的冲击作用。

(6) 冲洗污物，特别是冲去齿面间污物，减轻变速器齿轮的磨损。

当手动变速器油不足或变质后，如果不及时更换，容易导致齿轮表面疲劳，例如麻点、剥落、压光、波纹、擦伤、刮伤、黏着、胶合、咬死、磨蚀、磨损，严重将导致齿轮折断，如图4-9所示。

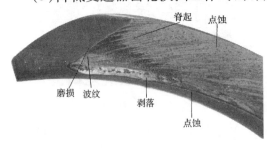

图4-9 齿轮的表面疲劳

引导问题4 手动变速器油技术数据有哪些？

车辆齿轮油的分类和发动机机油一样，通常按使用性能和黏度分类。

1 按使用性能分类

目前国际上广泛采用 API(美国石油协会)使用分类法，它按齿轮承载能力和使用条件不同，将车辆齿轮油质量分六级(GL-1～GL-6)，见表4-1。

车辆齿轮油质量级别选用　　　　　　　　　　　　　　表4-1

使用性能分级	适用范围
GL-1	低负荷低速的正齿螺旋齿轮、蜗轮蜗杆、锥齿轮及手动变速器等
GL-2	稍高速、高负荷、条件稍苛刻的蜗轮蜗杆及其他齿轮(准双曲面齿轮不能用)
GL-3	不能用 GL-1 或 GL-2 的中等负荷及中速的正齿轮及手动变速器(准双曲面齿轮不适用)
GL-4	高速低转矩、低速高转矩的准双曲面齿轮及很苛刻条件下工作的其他齿轮
GL-5	比 GL-4 更苛刻的耐低速高转矩、高速低转矩和高速、冲击性负荷的准双曲面齿轮用
GL-6	具有高偏置的轿车准双曲面齿轮后桥

现在我国按质量将齿轮油分为三类：普通车辆齿轮油(CLC)、中等负荷车辆齿轮油(CLD)、重负荷车辆齿轮油(CLE)，见表4-2。

我国车辆齿轮油质量级别选用　　　　表 4-2

使用性能分级	适 用 范 围	AFI 代号
普通车辆齿轮油（CLC）	手动变速器、螺旋伞齿轮驱动桥	GL-3
中等负荷车辆齿轮油（CLD）	手动变速器、螺旋伞齿轮驱动桥和使用条件不太苛刻的准双曲面齿轮驱动桥	GL-4
重负荷车辆齿轮油（CLE）	操作条件缓和或苛刻的准双曲面齿轮及其他各种齿轮的驱动桥，也可用于手动变速器	GL-5

2 按黏度分类

目前我国车辆齿轮油的黏度分类采用美国汽车工程师协会（SAE）分类方法，对汽车齿轮油按 100℃ 运动黏度和表观黏度分为 70W、80W、85W、90、140 和 250 七个黏度等级（牌号）。其中带 W 的是冬用齿轮油，不带 W 的为常温和高温下使用，见表 4-3。

车辆齿轮油黏度级别选用　　　　表 4-3

黏 度 等 级	黏度为 150Pa·s 的最高温度（℃）	100℃的运动黏度（mm^2/s）	
		最小	最大
70W	-55	4.1	—
	-40	4.1	—
80W	-26	7.0	—
85W	-12	11.0	—
90	—	13.5	<21.0
140	—	24.0	<41.0
250	—	41.0	

引导问题 5　应该如何选用手动变速器油？

（1）手动变速器油应该按照制造厂家的规定合理选用。

（2）不同性能级别的手动变速器油不能混用，不同厂家相同黏度级别的手动变速器油不能混用，添加剂不同的也不能混用。

（3）根据齿轮工作条件的苛刻程度选用使用等级。

（4）依据季节气温选择黏度等级。

爱丽舍轿车采用 MA5 型手动变速器，其变速器油采用 SAE75W/80 专用油液，不需定期强制换油，如果没有渗漏或污染可以终身使用。但要注意检查油面，如缺

学习任务四 手动变速器油的检查与更换

少则要及时添加。如果因车辆涉水深而导致变速器进水,则要及时更换油液。

> **引导问题6** 手动变速器油的安全、环保知识有哪些?

1 手动变速器油的安全使用

(1)工作场地注意通风,防止空气中手动变速器油浓度超标。

(2)操作人员必须戴化学安全防护眼镜,戴橡胶耐油手套。如有必要还应佩戴自吸过滤式防毒面具。

(3)工作场所配备相应的消防器材及泄漏应急处理设备。使用手动变速器时必须远离火种、热源,工作场所严禁吸烟。

(4)搬运时要轻装轻卸,防止包装及容器损坏。

2 手动变速器油的环保知识

(1)倒空的容器可能残留有害物,必须妥善处理。

(2)收集的废油不能与其他油类混合存放,单独存放,由专门的机构回收。不能随便倾倒,严禁倒入下水道、排洪沟等限制性空间。

(3)发生小量泄漏时用砂土或其他不燃材料吸附或吸收。发生大量泄漏时构筑围堤或挖坑收容。用泵专用收集器内回收。

二、实 施 作 业

一种型号的手动变速器,可能使用在多种类型汽车上。因此,在进行任何维修工作之前,首先应该确认所维修的手动变速器的型号,这样才能获取准确无误的维修数据,并保证随后的工序、特殊过程处理及安装的正确。

手动变速器型号是根据变速器的铭牌确定,在铭牌上通常标出变速器代码、生产日期、制造厂商等信息。

> **引导问题7** 手动变速器油的检查和更换作业的准备工作有哪些?

手动变速器油的检查和更换作业的检查调整作业前需要做好如下准备工作。

(1)整车爱丽舍轿车或爱丽舍轿车底盘。

(2)每组一套底盘拆装工具、零部件盆。

(3)常用量具。

(4)每组一套回收桶、加油机、举升机。

(5)熟悉汽车维修的安全规则,熟悉举升机的使用方法和注意事项。

(6)维修手册、工单。

(7)车辆保护装置。

(8)材料:手动变速器齿轮油。

(9)汽车进入工位前,将工位清理干净。

(10)查找手动变速器铭牌,根据铭牌内容查找维修手册,完整下列资料:

车型＿＿＿＿＿＿＿＿＿＿＿＿＿＿＿＿＿＿＿＿＿＿＿＿＿＿＿＿＿＿＿;

铭牌位置＿＿＿＿＿＿＿＿＿＿＿＿＿＿＿＿＿＿＿＿＿＿＿＿＿＿＿＿＿;

手动变速器型号＿＿＿＿＿＿＿＿＿＿＿＿＿＿＿＿＿＿＿＿＿＿＿＿＿＿;

手动变速器油液更换周期＿＿＿＿＿＿＿＿＿＿＿＿＿＿＿＿＿＿＿＿＿＿;

手动变速器油液的加注类型＿＿＿＿＿＿＿＿＿＿＿＿＿＿＿＿＿＿＿＿＿;

手动变速器油液的加注量＿＿＿＿＿＿＿＿＿＿＿＿＿＿＿＿＿＿＿＿＿＿。

小 提 示

不同车型所需工具不同,具体工具可查找相对应车型的技术资料。

引导问题8 手动变速器油的检查和更换作业实施的步骤是什么?

1 油液的检查和更换

(1)将车辆停在举升机平台的中央位置,拉紧驻车制动器操纵杆,并将变速器置于空挡。

(2)将车辆升至适合位置,并可靠锁止提升臂。

(3)如图4-10所示,旋出加油螺塞,若液位在加注口下边缘0~5mm,则表示液位正常,按规定力矩(25N·m)拧紧加油螺塞。

(4)如果液位过低或不足,应检查变速器内变速

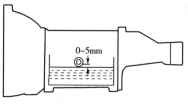

图4-10 变速器的正常油量

学习任务四 手动变速器油的检查与更换

杆油封处、壳体接合处、变速器前油封、两侧半轴油封、变速器放油螺塞孔周围是否有漏油现象,若有,需更换衬垫和油封,然后用加油机通过加油螺塞添加变速器油直至有油液溢出。

2 变速器油的更换

根据各车维修手册的更换周期,若在油液检查中发现油液的颜色变黑或闻到油液有刺鼻味,说明油已变质,应予以更换。更换方法如下:

(1)操纵举升机,将车辆举升到轮胎最低点距离地面20cm的高度,落下举升机安全锁,如图4-11所示。

(2)进入驾驶室,打开点火开关启动发动机,保持怠速运转。操纵变速杆,将变速杆换入1挡,保持车辆带挡运行状态。2~3min后,将变速杆置于空挡,并关闭点火开关,停止发动机运转,如图4-12所示。

图4-11 落下安全锁

图4-12 暖机2~3min

思考:为什么在放变速器油之前车辆要带挡短时间空载运行?

_____

_____

(3)将变速杆置于空挡位置,关闭点火开关,拉紧驻车制动器操纵杆,将汽车举升到适当高度,落下举升机安全锁,如图4-13所示。

(4)将回收桶推至变速器下方,并对正放油螺塞,如图4-14所示。

(5)拧松变速器放油螺塞和加油螺塞,先旋下放油螺塞,再旋下加油螺塞,如图4-15所示。

思考:在放变速器油时,为什么先旋下放油螺塞,再旋下加油螺塞?

(6) 取适量变速器油,观察其品质,完成以下内容,如图 4-16 所示。

图 4-13　落下举升机安全锁

图 4-14　将回收桶推至变速器下方,并对正放油螺塞

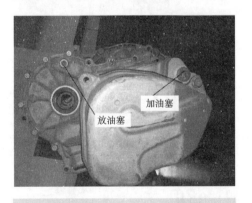

图 4-15　旋下放油螺塞和加油螺塞

图 4-16　观察变速器油品质

① 手动变速器油颜色:＿＿＿＿＿＿;
② 手动变速器油是否含有大量的铜屑:＿＿＿＿＿＿;
③ 手动变速器油是否含有大量的铁屑:＿＿＿＿＿＿。

小提示

　　判断的依据是:检查排出的变速器油如果含有金属颗粒或杂质,如果有金色颗粒(铜屑),则表明同步器锁环已出现磨损,将磁铁放置于油液中,如果有很多铁屑吸附在磁铁表面,则说明变速器齿轮磨损严重。

学习任务四　手动变速器油的检查与更换

（7）根据检查，判断变速器磨损是否严重，是否需要更换手动变速器油。

（8）待变速器放油口处油液不再滴落时装上新的垫片，按规定力矩（25N·m）拧紧放油螺塞，如图4-17所示。

（9）操纵举升机，将车辆降落到轮胎最低点距离地面20cm的高度，并可靠落下举升机安全锁；用专用工具添加变速器油，并按规定力矩（25N·m）拧紧加油螺塞。

（10）用干净抹布擦净放油螺塞和加油螺塞周围油迹，如图4-18所示。

图4-17　拧紧放油螺塞

图4-18　用抹布擦净放油螺塞和加油螺塞周围油迹

引导问题9　手动变速器油的检查和更换作业的结束工作有哪些？

（1）将汽车降轮胎离开地面20cm高度，启动发动机，变换变速器挡位，让汽车带挡运行2～3min，如图4-19所示。

（2）将变速杆置于空挡位置，关闭点火开关，拉紧驻车制动器操纵杆，将汽车举升到适当高度，落下举升机安全锁，如图4-20所示。

图4-19　汽车带挡运行2～3min

图4-20　落下举升机安全锁

（3）检查手动变速器放油螺塞和通气塞处是否有油液泄漏，如图4-21所示。

（4）确认没有泄漏后将汽车降落至地面，如图4-22所示。

图 4-21 检查手动变速器是否有油液泄漏

图 4-22 将汽车降落至地面

(5) 车辆的清理：详见学习任务一引导问题 12。
(6) 工具的清理：详见学习任务一引导问题 12。
(7) 场地的清理：详见学习任务一引导问题 12。
(8) 收集的废油的处理：收集起来集中处理。

三、评价与反馈

(1) 对本学习任务进行评价，见表 4-4。

评 分 表　　　　　　　　　　　　　表 4-4

考核项目	评分标准	分值	学生自评	小组评价	教师评价	小计
团队合作	是否和谐	5				
活动参与	是否积极主动	5				
安全生产	有无安全隐患	10				
现场5S	是否做到	10				
任务方案	是否正确、合理	15				
操作过程	①作业前的准备工作；②手动变速器油的检查；③手动变速器油的更换；④更换手动变速器油后的试车	30				
任务完成情况	是否圆满完成	5				
工具与设备使用	是否规范、标准	10				
劳动纪律	是否严格遵守	5				
工单填写	是否完整、规范	5				
	总分	100				
教师签名：			年　月　日		得分	

(2)在实施作业时都有哪些安全注意事项?每个安全注意事项你都注意到了吗?如果没有,找出忽略的地方和原因。

(3)能否向车主解释手动变速器油的检查方法?如果不能,分析原因并提出改进措施。

四、学习拓展

(1)某客户驾驶汽车来维修厂进行磨合期维护,该汽车更换手动变速器油时,是否还需要起动汽车使变速器油温升高?为什么?

(2)没有选择合适手动变速器油会导致什么后果?

汽车传动系统维修

学习任务五

手动变速器换挡困难的检修

学习目标

完成本学习任务后,你应当能:
1. 知道手动变速器的基本构造和工作原理;
2. 理解传动比的概念,知道变速和变矩的原理;
3. 知道同步器的结构和工作原理;
4. 明确手动变速器的常见故障及故障检修工艺流程;
5. 明确手动变速器的拆装步骤和技术要求;
6. 掌握手动变速器换挡困难的检修作业流程。

 建议完成本学习任务的时间为 **6** 课时。

 学习任务描述

一辆1.6L爱丽舍轿车,车主反映最近爱车在行驶的过程中出现了手动变速器换挡困难的现象,请你对该车进行专业的检查并排除故障。

学习任务五　手动变速器换挡困难的检修

学习内容

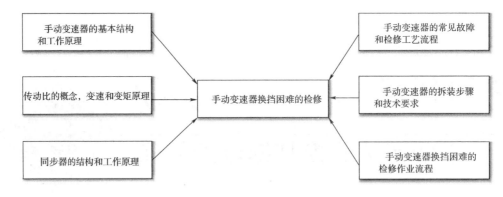

一、资料收集

引导问题1　齿轮传动的基本原理是什么？齿轮是如何实现变速和变矩功能的？

1 齿轮传动的基本原理

一对齿数不同的两个齿轮啮合传动时可以实现变速，而且两齿轮的转速比与齿数成反比，则有传动比的概念：

$$传动比\ i = \frac{主动齿轮的转速}{从动齿轮的转速} = \frac{从动齿轮的齿数}{主动齿轮的齿数}$$

齿轮传动的基本原理如图5-1所示。

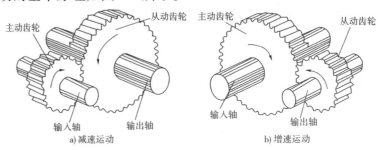

图5-1　齿轮传动的基本原理

对于变速器,各挡的传动比 i 就是变速器输入轴转速与输出轴转速之比。即

$$i = \frac{n_{输入}}{n_{输出}} = \frac{T_{输出}}{T_{输入}}$$

(1)当 $i > 1$ 时,$n_{输出} < n_{输入}$,$T_{输出} > T_{输入}$,此时实现减速增矩,为变速器的减速挡,且 i 越大,挡位越低。

(2)当 $i = 1$ 时,$n_{输出} = n_{输入}$,$T_{输出} = T_{输入}$,为变速器的直接挡。

(3)当 $i < 1$ 时,$n_{输出} > n_{输入}$,$T_{输出} < T_{输入}$,此时实现升速降矩,为变速器的超速挡。

例如,手动挡1.6L爱丽舍轿车 MA5 五挡手动变速器各挡的传动比见表5-1。其中:一挡~三挡为减速挡,四挡为直接挡,五挡为超速挡,R 为倒挡。

爱丽舍 MA5 五挡手动变速器各挡的传动比 表 5-1

挡 位	主动齿轮齿数/从动齿轮齿数	传动比
一	12 / 41	3.417
二	21 / 38	1.809
三	29 / 37	1.276
四	40 / 39	0.975
五	43 / 33	0.767
R	12 / 43	3.583

总传动比 $i_{总}$ 等于各挡传动比的乘积,例如爱丽舍 MA5 五挡手动变速器的总传动比为

$$i_{总} = 3.417 \times 1.809 \times 1.276 \times 0.975 \times 0.767 = 5.898$$

2 普通齿轮变速器的变速和变矩原理

(1)齿轮变速原理。

①如图 5-2a)所示,当两个齿数相同的齿轮啮合传动时,主动齿轮和从动齿轮的速度相等。

②如图 5-2b)所示,当小齿轮与大齿轮啮合传动时,主动齿轮的速度_____(大于、等于、小于)从动齿轮的速度。

③如图 5-2c)所示,当大齿轮与小齿轮啮合传动时,主动齿轮的速度_____(大于、等于、小于)从动齿轮的速度。

(2)齿轮变扭原理。如图 5-2b)所示,当小齿轮驱动大齿轮时,两个齿轮啮合面上的力相等,由于主动齿轮的半径小于从动齿轮的半径,根据杠杆原理可知,主动齿轮的转矩小于从动齿轮的转矩。

同理可知:图 5-2a)主动齿轮的转矩_____(大于、等于、小于)从动齿轮

的转矩;图5-2c)主动齿轮的转矩_____(大于、等于、小于)从动齿轮的转矩。

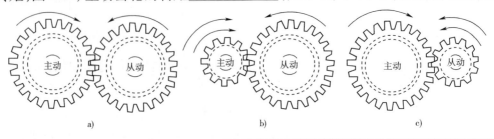

图5-2 齿轮传动变速变扭原理

引导问题2 手动变速器的基本结构怎样?它是怎样工作的?

手动变速器包括变速器传动机构和操纵机构两大部分。

变速器传动机构是变速器的主体,按工作轴的数量(不包括倒挡轴)可分为三轴式变速器和两轴式变速器;变速器传动机构的主要作用是改变传动比、旋转方向;操纵机构的作用时实现换挡。

(1)手动变速器的基本结构(以东风EQ1090E中型货车的三轴式手动变速器为例)。

①东风EQ1090E中型货车的三轴式手动变速器壳体和输入轴,如图5-3所示。

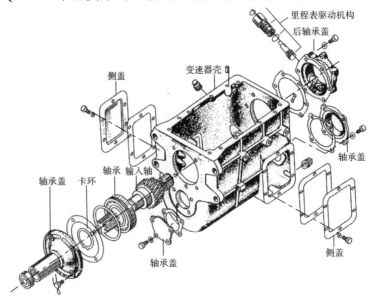

图5-3 三轴式手动变速器壳体和输入轴

②东风 EQ1090E 中型货车的三轴式手动变速器输出轴,如图 5-4 所示。

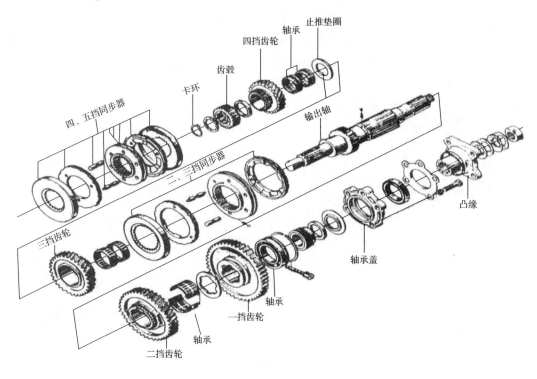

图 5-4 三轴式手动变速器输出轴

③东风 EQ1090E 中型货车的三轴式手动变速器中间轴和倒挡轴,如图 5-5 所示。

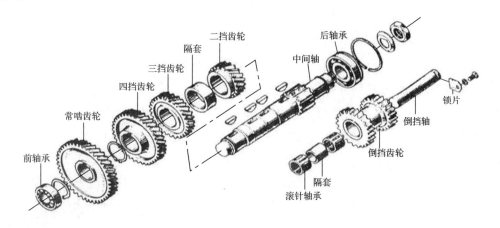

图 5-5 三轴式手动变速器中间轴和倒挡轴

④东风 EQ1090E 中型货车的三轴式手动变速器操纵机构,如图 5-6 所示。

为了保证变速器在任何情况下都能准确、安全、可靠地工作,变速器操纵机构一般都具有换挡锁装置,包括自锁装置、互锁装置和倒挡锁装置。

a. 自锁装置。自锁装置用于防止变速器自动脱挡或换挡,并保证轮齿以全齿宽啮合。如图5-7所示自锁装置都是采用自锁钢球对拨叉轴进行轴向定位锁止。

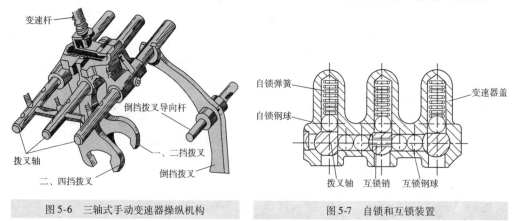

图5-6　三轴式手动变速器操纵机构　　　　图5-7　自锁和互锁装置

b. 互锁装置。互锁装置用于防止同时换上两个挡位。如图5-8所示,互锁装置由互锁钢球和互锁销组成。

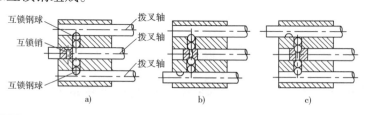

图5-8　互锁装置工作示意图

c. 倒挡锁装置。倒挡锁的作用是使驾驶人必须对变速杆施加更大的力,才能换入倒挡,起到警示注意作用,以防误换倒挡。图5-9所示为常见的锁销式倒挡锁装置。

(2) 通过学习东风EQ1090E中型货车的三轴式手动变速器,完成以下思考题。

①东风EQ1090E中型货车的三轴式手动变速器为_____挡变速器;

②空挡的动力传递路线为:_____。

③一挡的动力传递路线为:_____

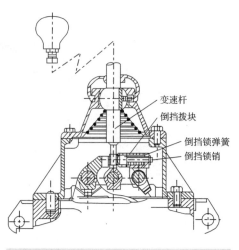

图5-9　锁销式倒挡锁装置

_____。
④二挡的动力传递路线为：_____
_____。
⑤三挡的动力传递路线为：_____
_____。
⑥四挡的动力传递路线为：_____
_____。
⑦五挡的动力传递路线为：_____
_____。
⑧倒挡的动力传递路线为：_____
_____。

> **引导问题3** 同步器的结构和工作原理是什么？

1 同步器的功用

同步器的功用是使接合套与待啮合齿圈迅速同步，缩短换挡时间；且防止在啮合前因啮合而产生的接合齿之间的冲击。

2 同步器的基本组成和分类

同步器有同步装置（包括推动件、摩擦件）、锁止装置和接合装置组成。
目前汽车上所采用的同步器几乎都是摩擦惯性式同步器，根据锁止装置的不同，可以分为锁环式和锁销式惯性同步器。

（1）锁环式同步器：结构紧凑，便于合理布置，多用于轿车和轻型货车上，其结构如图5-10所示。

（2）锁销式同步器：结构形式合理，力矩较大，多适用于中型和大型货车上，其结构如图 5-11 所示。

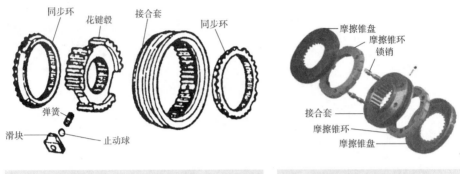

图 5-10　锁环式同步器结构　　　　　图 5-11　锁销式同步器结构

3 锁环式同步器的工作原理

雪铁龙爱丽舍轿车 MA5 型变速器采用锁环式同步器,其工作原理:通过选择相应的同步环摩擦锥面角和锁止角,保证能够在齿轮的转速 n_1 和同步环的转速 n_2 达到同步($n_1 = n_2$)之前,齿轮施加在同步环上的惯性力矩 M_1 总是大于切向力 F 形成的拨环力矩 M_2,因而,使得驾驶人通过操作机构作用在接合面上的轴向推力不论有多大力,接合套齿端与同步环齿端总是相互抵触而不能接合。这就是齿轮的惯性力矩造成了同步环对接合套的锁止作用,如图 5-12 所示。

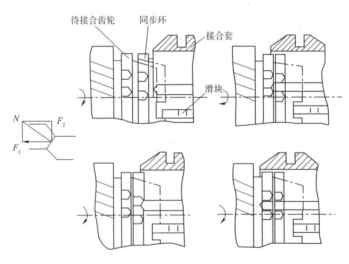

图 5-12　锁环式同步器工作原理

齿轮与同步环抵触而不能接合(即锁止角锁死),依靠齿轮惯性使同步环对接合套产生锁止,在摩擦力作用下,齿轮转速迅速变化。当与同步环同步时,相对转速为零,惯性力矩消失,在 F_1、F_2 作用下,接合套受抵触与同步环、齿轮啮合,实现挡位动力传递。

一~二挡、三~四挡及五挡同步器工作原理相同,但结构略有差异。一~二挡同步器接合套外带有齿圈,与倒齿啮合形成倒挡。五挡同步器仅单边带同步环。

二、实施作业

引导问题4 手动变速器拆装准备工作有哪些?

手动变速器拆装作业前需要做好如下准备工作。
(1)整车爱丽舍轿车或爱丽舍轿车底盘。
(2)每组一套底盘拆装工具、零部件盆。
(3)常用量具。
(4)每组一套回收桶、加油机、举升机。
(5)熟悉汽车维修的安全规则,熟悉举升机的使用方法和注意事项。
(6)维修手册、工单。
(7)铺好车辆保护装置。
(8)材料:手动变速器齿轮油。
(9)汽车进入工位前,将工位清理干净。
(10)查找手动变速器铭牌,根据铭牌内容查找维修手册,完整下列资料:
车型_____;
铭牌位置_____;
手动变速器型号_____;
手动变速器油液更换周期_____;
手动变速器油液的加注类型_____;
手动变速器油液的加注量_____。

小 提 示

不同车型所需工具不同,具体工具可查找相对应车型的技术资料。

学习任务五 手动变速器换挡困难的检修

引导问题5 手动变速器拆装工作步骤和技术要求有哪些?

(1) 手动变速器的拆卸工作步骤如下。

①将汽车停驻在举升机中央位置,如图5-13所示。

②打开发动机舱盖并断开蓄电池负极,如图5-14所示。

图5-13 将汽车停驻在举升机中央位置

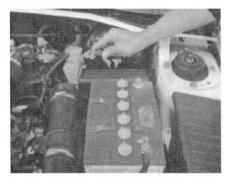

图5-14 断开蓄电池负极

③将车辆举升到适当的高度后,落下举升机安全锁,如图5-15所示。

> 小提示
>
> ①举升机的操作要领和规范要求,请查阅"举升机的使用方法";
>
> ②举升或降落车辆时,强调安全确认口令"正常"、"举升车辆",防止意外情况发生。

④拆卸前保险杠左下盖板紧固螺栓,取下盖板,如图5-16所示。

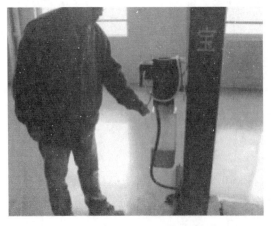

图5-15 落下举升机安全锁

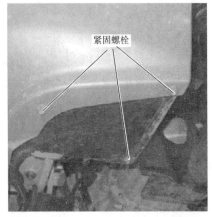

图5-16 拆卸前保险杠左下盖板紧固螺栓

⑤借助塑料铆钉拆卸钳 ZX7504-X 脱开塑料铆钉,取下挡泥板,如图 5-17 所示。

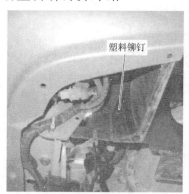

图 5-17　拆卸挡泥板

⑥放变速器油,如图 5-18、图 5-19 所示。

⑦借助轮毂固定工具 ZX6310-X 拆卸左、右传动轴,如图 5-20 所示。

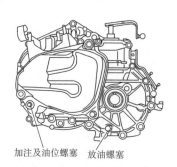

图 5-18　放油螺塞位置　　　　　图 5-19　放变速器油

⑧拆卸发动机后支架螺栓,如图 5-21 所示;拆卸排气管固定螺栓,如图 5-22 所示;拆卸真空助力油管支架螺栓,如图 5-23 所示。

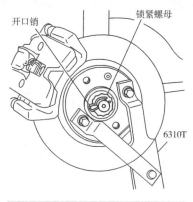

图 5-20　拆卸左、右传动轴　　　　图 5-21　拆卸发动机后支架螺栓

学习任务五 手动变速器换挡困难的检修

图5-22 拆卸排气管固定螺栓

图5-23 拆卸真空助力油管支架螺栓

⑨降下车辆约距离地面30cm后，拧松空气滤清器管卡；脱开曲轴管通气管；拆下空气滤清器总成，如图5-24所示。

⑩拆开发动机电控单元插接器；拆下蓄电池；脱开固定在蓄电池盒周围的导线束，拆下蓄电池盒，如图5-25所示。

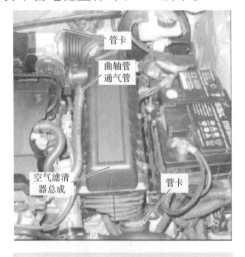

图5-24 发动机舱内的拆卸（一）

图5-25 发动机舱内的拆卸（二）

⑪拆卸蓄电池支架四个固定螺栓；脱开蓄电池支架下的导线束固定卡，取下蓄电池支架，如图5-26所示。

⑫脱开离合器拉索；拆下螺栓，脱开换挡操纵连接杆；分离转速表传感器插头；分离里程表传感器插头；分离倒挡开关插头；分离发动机搭铁总成线；分离蓄电池搭铁线，如图5-27所示。

⑬将发动机及后桥支撑架ZX4090-T横梁和支架安装到位，如图5-28所示。

⑭拆下发动机导线束支架两个固定螺栓,如图5-29所示。

图5-26 发动机舱内的拆卸(三)

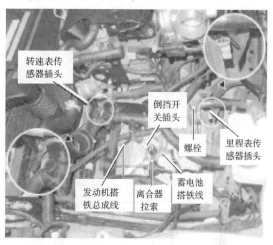

图5-27 发动机舱内的拆卸(四)

图5-28 发动机舱内的拆卸(五)

图5-29 发动机舱内的拆卸(六)

⑮拆下起动机电缆,拆下起动机3个固定螺栓,拆下起动机,用液压小吊车吊住变速器总成,如图5-30所示。

⑯拆下变速器悬挂螺母;拆下变速器悬挂弹性元件固定螺母;拆下变速器悬挂弹性元件;通过调节发动机及后桥支撑架ZX4090-T横梁的挂钩长度,使变速器悬挂端下降20mm,如图5-31所示。

⑰拆下变速器悬挂支架与车身固定的2个螺栓;拆下变速器悬挂支架,如图5-32所示。

⑱拆下变速器悬挂连接支架上3个固定螺母;向外抽出变速器总成,慢慢松下液压小吊车,使变速器总成安全降落到地面,脱开液压小吊车与变速器总成的连接,

升起车辆，拿出变速器总成，如图5-33所示。

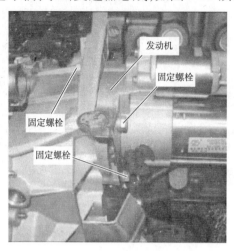
图5-30 发动机舱内的拆卸（七）

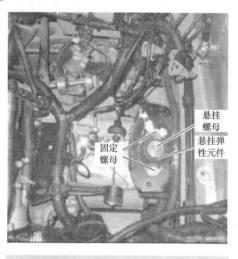
图5-31 发动机舱内的拆卸（八）

图5-32 发动机舱内的拆卸（九）

图5-33 发动机舱内的拆卸（十）

（2）手动变速器的安装是按拆卸工序的反向进行，安装时应注意安全。

小提示

安装手动变速器时应注意以下几点：
①确保变速器的定位销完全正确，进入发动机相应的定位孔内；②分离拨叉应将分离轴承推到底；③将变速器安装到位；④装上发动机与变速器的连接螺栓；⑤检查变速器油的液面；⑥调整离合器拉索的长度（按相关工艺的要求）。

(3)拧紧力矩的要求见表5-2。

拧紧力矩的要求　　　　　　　　　　　　　表5-2

说　明	力矩（N·m）
变速器外壳与离合器壳的紧固件	20
离合器轴承导杆的紧固件	10±1（*）
中间板与离合器壳的紧固件	50±5（*）
推力轴承紧固件	20±2（预涂胶）
二轴螺母	140±14
离合器壳上的钢壳的紧固件	25±2
放油螺塞	25±2
液面检查螺塞	25±2
倒挡开关	25±2
车速表驱动支架的紧固件	10±1
变速器与发动机的紧固件	40±4

说明：（*）将螺栓螺纹涂 LOCTITE 防松胶。

引导问题6　　手动变速器换挡困难的检修准备工作有哪些？

手动变速器换挡困难的检修有以下准备工作。
(1)整车爱丽舍轿车或爱丽舍轿车底盘。
(2)每组一套底盘拆装工具、零部件盆。
(3)每组一套磁力百分表。
(4)每组一套回收桶、加油机、举升机。
(5)熟悉汽车维修的安全规则,熟悉举升机的使用方法和注意事项。
(6)维修手册、工单。
(7)铺好车辆保护装置。
(8)材料:手动变速器齿轮油。
(9)汽车进入工位前,将工位清理干净。
(10)查找手动变速器铭牌,根据铭牌内容查找维修手册,完整下列资料：
车型＿＿＿＿＿＿＿＿＿＿＿＿＿＿＿＿＿＿＿＿＿＿＿＿＿＿＿＿＿＿＿＿＿；
铭牌位置＿＿＿＿＿＿＿＿＿＿＿＿＿＿＿＿＿＿＿＿＿＿＿＿＿＿＿＿＿＿；
变速器型号＿＿＿＿＿＿＿＿＿＿＿＿＿＿＿＿＿＿＿＿＿＿＿＿＿＿＿＿＿；
变速器油更换周期＿＿＿＿＿＿＿＿＿＿＿＿＿＿＿＿＿＿＿＿＿＿＿＿＿；
变速器油的加注类型＿＿＿＿＿＿＿＿＿＿＿＿＿＿＿＿＿＿＿＿＿＿＿＿；

学习任务五 手动变速器换挡困难的检修

变速器油的加注量＿＿＿＿＿＿＿＿＿＿＿＿＿＿＿＿＿＿＿＿＿＿＿＿＿＿＿＿＿。

不同车型所需工具不同,具体工具可查找相对应车型的技术资料。

（11）MA5 五挡手动变速器的识别,如图 5-34 所示。

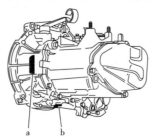

a. 识别标志：＿＿＿＿＿＿＿＿；

b. 序列号：＿＿＿＿＿＿＿＿。

图 5-34　MA5 五挡手动变速器的识别

（12）MA5 五挡手动变速器的性能参数见表 5-3。

爱丽舍轿车 MA5 五挡手动变速器的性能参数　　　　　表 5-3

挡位	齿数比	主减速器齿数比	最终转速比	发动机转速为 1000r/min 时,对应车速（km/h）
1	12∶41	13∶59	0.0644	6.95
2	21∶38		0.1217	13.4
3	29∶37		0.1726	18.65
4	40∶39		0.2295	24.39
5	43∶33		0.287	31.00
R	12∶43		0.0614	6.63
里程表齿数比			21∶18	
轮胎系列			R14	

引导问题 7　　手动变速器换挡困难的检修作业流程是什么？

雪铁龙爱丽舍轿车手动变速器换挡困难的检修作业流程如下。

说明： 此检修作业流程是建立在引导问题 5 上将手动变速器拆装下来以后进行的操作。

（1）分解变速器壳体。

①拆卸三角端盖,如图5-35所示。
②将五挡拨叉销冲出,如图5-36所示。

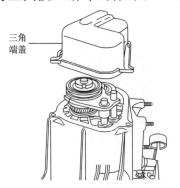

图5-35 拆卸三角端盖

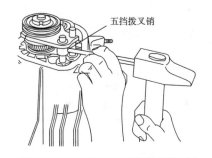

图5-36 冲出五挡拨叉销

③使二挡接合,使输出轴固定,如图5-37所示。

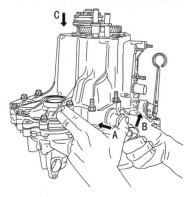

A:选择;
B:接合倒挡;
C:通过按下五挡拨叉使五挡接合。

图5-37 使二挡接合,输出轴固定

④拆卸轴承挡圈、挡板、一同取下五挡同步器和五挡拨叉,如图5-38所示。
⑤用专用工具三卡爪拆卸器取下五挡从动齿轮和五挡主动齿轮,如图5-39所示。

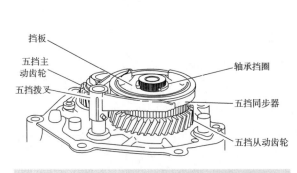

图5-38 拆卸轴承挡圈、挡板、五挡同步器和五挡拨叉

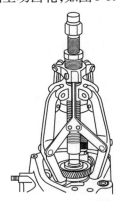

图5-39 拆卸五挡主、从动齿轮

⑥拆卸螺栓和轴承固定挡板,如图 5-40 所示。

⑦拆卸离合器分离轴承、支撑和车速表输出齿轮和倒挡开关,以及变速器加油口盖、放油螺塞和转动轴油封,如图 5-41 所示。

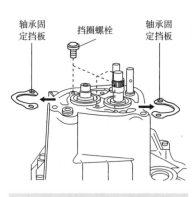

图 5-40 拆卸轴承固定挡板

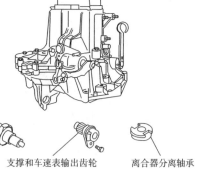

图 5-41 拆卸离合器分离轴承、车速表输出齿轮和倒挡开关

⑧拆卸球头杆、夹子和连接板,如图 5-42 所示。

⑨拆卸变速器盖螺栓,取下变速器盖,如图 5-43 所示。

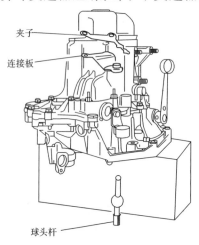

图 5-42 拆卸球头杆、夹子和连接板

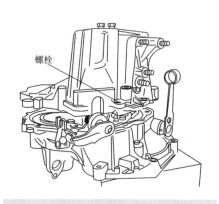

图 5-43 拆卸变速器盖螺栓,取下变速器盖

(2)拆卸输入轴、输出轴和差速器。

①拆卸倒挡轴、塑料衬套和倒挡齿轮,如图 5-44 所示。

②拆卸倒挡拨叉轴(轻压拨叉来松开轴),如图 5-45 所示。

③拆卸倒挡拨叉,如图 5-46 所示。

④啮合二挡齿轮,用专用工具冲子朝变速器外冲出齿轮啮合固定销,如图 5-47 所示。

⑤拆卸齿轮接合轴、齿接接合轴密封件、弹簧和它的两个止推垫圈,如图 5-48

所示。

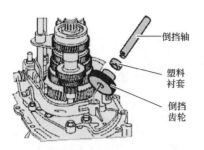

图 5-44 拆卸倒挡轴和倒挡齿轮

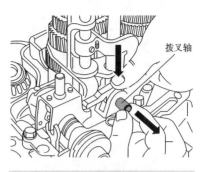

图 5-45 拆卸倒挡拨叉轴

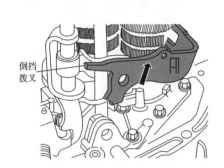

图 5-46 拆卸倒挡拨叉

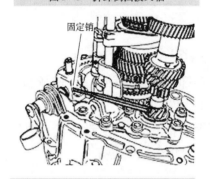

图 5-47 冲出固定销

⑥拆卸内部锁止键,如图 5-49 所示。

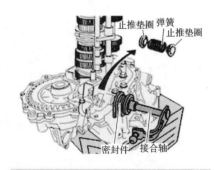

图 5-48 拆卸齿轮接合轴、弹簧和止推垫圈

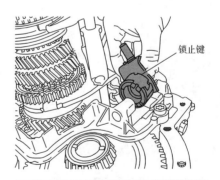

图 5-49 拆卸内部锁止键

⑦一起取下输入轴、输出轴、拨叉和拨叉轴总成,如图 5-50 所示。
⑧拆下中间盘固定螺栓,取下中间盘,如图 5-51 所示。

> **注意**
>
> 中间盘和离合器壳体必须保持匹配。

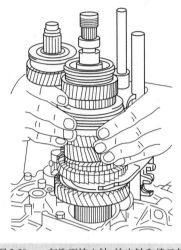
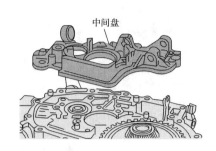

图5-50 一起取下输入轴、输出轴和拨叉轴　　图5-51 取下中间盘

⑨拆卸倒挡拨叉锁止销、弹簧和主减速器主动齿轮,如图5-52所示。

(3)分解输出轴。

①拆卸垫圈、四挡从动齿轮、四挡齿轮同步器锁环、三/四挡同步器、四挡齿轮同步器锁环,如图5-53所示。

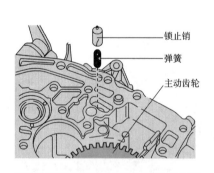
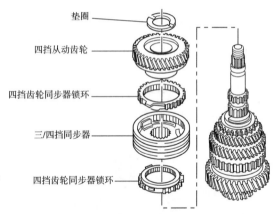

图5-52 拆卸倒挡拨叉锁止销、弹簧和　　图5-53 拆卸垫圈、四挡从动齿轮、四挡齿轮同步器锁环、
主减速器主动齿轮　　　　　　　　　　　　三/四挡同步器、四挡齿轮同步器锁环

拆卸时应将同步器的接合套和花键毂一同取下,防止弹簧和钢珠飞出。

②用挡圈冲子将挡圈冲出,如图5-54所示。

③拆卸三挡从动齿轮、挡圈、二挡从动齿轮、二挡齿轮同步器锁环、一/二挡同步

器、一挡齿轮同步器锁环、挡圈、一挡从动齿轮、挡圈、润滑套，如图5-55所示。

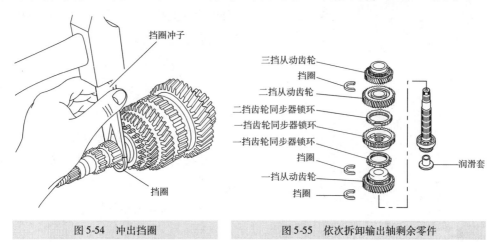

图5-54 冲出挡圈　　　　图5-55 依次拆卸输出轴剩余零件

④拆卸轴承，如图5-56所示。

（4）检修同步器。

①观察一/二挡同步器、三/四挡同步器和五挡同步器，并进行分解，如图5-57、图5-58所示。

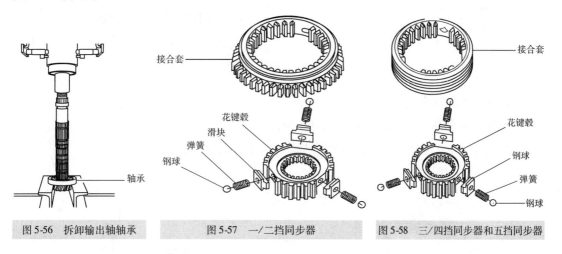

图5-56 拆卸输出轴轴承　　　图5-57 一/二挡同步器　　　图5-58 三/四挡同步器和五挡同步器

①如果花键毂和接合套需要重复使用，应标记其相对位置。
②在容器中将接合套从花键毂上分离，以避免钢球、弹簧、滑块丢失。

②一/二挡同步器、三/四挡同步器和五挡同步器的组装，以一/二挡同步器为例，如图5-59所示。

第一/二挡齿轮同步器环毂的组装：方向环毂上凹槽"A"与套管上的拨叉槽"B"朝向同一边。

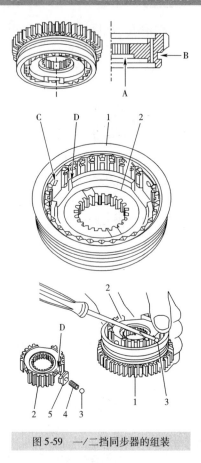

组装时,应注意：

a. 分解时所做的标记；

b. 接合套凹槽"C"对着花键毂的凹槽"D"；

组装上述的两个部件。

a. 安装并固定滑块5；

b. 将弹簧4插入滑块内,并完全插入花键毂孔(在"D"处)。

c. 将钢球3安装到弹簧上；

d. 按下钢球3将弹簧4压紧,并使其嵌入接合套1内。

图5-59 一/二挡同步器的组装

(5) 检修操纵机构。

① 拨叉轴和拨叉的识别,如图5-60所示。

② 分解一/二挡拨叉和倒挡中继结构,如图5-61所示。

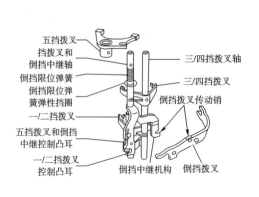

图5-60 MA5变速器拨叉轴和拨叉

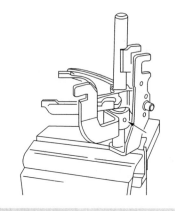

图5-61 分解一/二挡拨叉和倒挡中继结构

因为倒挡轴和中继机构是整体组合加工钻孔,所以必须保持其相互组合配对。

拆卸:

a. 倒挡限位弹簧;

b. 倒挡限位弹簧弹性挡圈;

c. 张紧销将轴从倒挡控制中继机构上分离。

(6)变速器的装配以及变速器总成的装配。

变速器的装配以及变速器总成的装配是拆卸的反过程,按照"先拆的后装,后拆的先装"的原则进行装配,在装配的过程中应注意密封和拧紧力矩等要点,详细参照维修手册。

引导问题8 手动变速器换挡困难的检修结束工作有哪些?

(1)车辆的清理:详见学习任务一引导问题12。

(2)工具的清理:详见学习任务一引导问题12。

(3)场地的清理:详见学习任务一引导问题12。

三、评价与反馈

(1)对本学习任务进行评价,见表5-4。

评 分 表　　　　　　　　　表5-4

考核项目	评分标准	分值	学生自评	小组评价	教师评价	小计
团队合作	是否和谐	5				
活动参与	是否积极主动	5				
安全生产	有无安全隐患	10				
现场5S	是否做到	10				

学习任务五 手动变速器换挡困难的检修

续上表

考核项目	评分标准	分值	学生自评	小组评价	教师评价	小计
任务方案	是否正确、合理	15				
操作过程	①作业前的准备工作； ②MA5手动变速器拆装操作； ③MA5手动变速器换挡困难的检修； ④MA5手动变速器的分解装配操作； ⑤调整后的试车	30				
任务完成情况	是否圆满完成	5				
工具与设备使用	是否规范、标准	10				
劳动纪律	是否严格遵守	5				
工单填写	是否完整、规范	5				
	总分	100				
教师签名：			年　月　日		得分	

(2)在实施作业时都有哪些安全注意事项？每个安全注意事项你都注意到了吗？如果没有，找出忽略的地方和原因。

(3)能否向车主解释汽车手动变速器的工作原理和日常的维护情况？如果不能，分析原因并提出改进措施。

四、学习拓展

(1)在手动变速器中锁销式同步器与锁环式同步器各有什么特点？

(2)MA5变速器中的锁止装置是怎样作用的？

学习任务六

传动轴(前轮驱动)防尘罩的检查与更换

学习目标

完成本学习任务后,你应当能:
1. 了解传动系统的作用和组成;
2. 了解传动系统的布置方案;
3. 掌握万向传动装置的作用和组成;
4. 掌握万向节的类型和作用;
5. 熟练安全的对传动系统进行检查与拆装。

 建议完成本学习任务的时间为6课时。

 学习任务描述

一辆1.6L爱丽舍轿车,因底盘异响进厂维修,检查后估计是传动轴总成出现故障,需要对车辆传动轴总成进行检查,请你确定故障部位,并维修或更换。

学习任务六　传动轴(前轮驱动)防尘罩的检查与更换

 学习内容

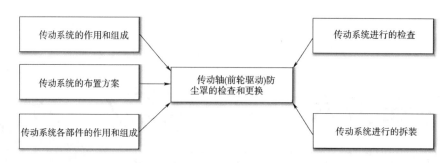

一、资料收集

引导问题1　传动系统的作用和组成有哪些?

1 汽车传动系统的作用

汽车传动系统的首要任务是与发动机协同工作,保证汽车在不同使用条件下能正常行驶,且具有良好的动力性和燃油经济性。为此,汽车传动系统应具备如下作用。

(1)减速增扭,如图6-1所示。

(2)变速。

(3)实现汽车倒驶。

(4)必要时中断动力传递。

(5)差速,如图6-2所示。

图6-1　减速增扭示意图

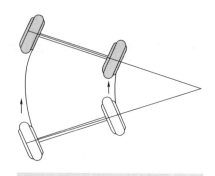

图6-2　实现差速行驶示意图

2 汽车传动系统的组成

机械式传动系统主要由离合器、变速器、万向传动装置和驱动桥组成,如图6-3所示。

3 汽车传动系统的分类

按结构和传动介质的不同,汽车传动系统的类型可以分为机械式、液力机械式、静液式和电传动式等。

(1)机械式传动系统由离合器、变速器、传动轴和万向节组成的万向传动装置以及安装在驱动桥壳中的主减速器、差速器和半轴等组成,如图6-4所示。

(2)液力机械式传动系统:组合运用液力传动和机械传动。以液力机械变速器取代机械传动系统的摩擦式离合器和普通齿轮式变速器,其他组成部件及布置形式均与机械式传动系统相同,如图6-5所示。

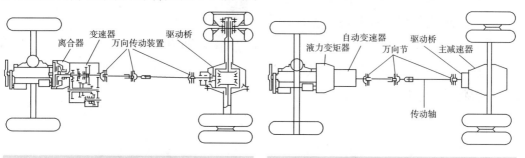

图6-4 机械式传动系统示意图　　图6-5 液力机械式传动系统示意图

(3)静液式传动系统:是通过液体传动介质静压力能的变化来传递能量。主要由发动机驱动的液压泵、液压马达和控制装置等组成,如图6-6所示。

(4)电传动系统:由发动机驱动发电机发电,再由电动机驱动驱动桥或由电动机直接驱动带有减速器的驱动轮,如图6-7所示。

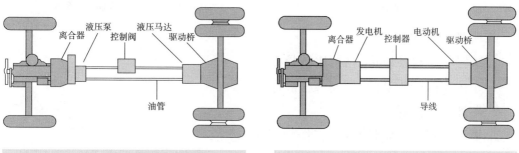

图6-6 静液式传动系统示意图　　图6-7 电传动系统示意图

学习任务六 传动轴(前轮驱动)防尘罩的检查与更换

引导问题2　传动系统的布置形式有哪些？

（1）发动机前置后轮驱动（FR）方式：前置后驱，即发动机前置，后轮驱动。这是一般高级轿车、运动车型比较流行的一种布置形式，如图6-8所示。代表车型：宝马7系。

①所具有的优点：

a. 其牵引性能比前置前驱型式优越；

b. 延长轮胎的使用寿命；

c. 简化了操纵机构的布置；

d. 便于维修。

②缺点：

a. 增加车整备质量，影响了燃油经济性；

b. 减小驾驶室空间，影响乘坐舒适性；

c. 在雪地或易滑路面易发生摆尾现象。

（2）发动机前置前轮驱动（FF）方式：前置前驱，即发动机前置，前轮驱动，这是当前轿车最为流行的一种驱动方式，如图6-9所示。大众国产车型现在采用的都是这种布置形式，代表车型：大众新领域。

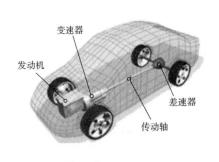

图6-8　前置后驱布置示意图

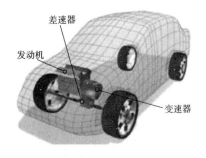

图6-9　前置前驱布置示意图

①所具有的优点：

a. 减轻了车整备质量，结构比较紧凑；

b. 车内空间较为宽敞，提高乘坐舒适性；

c. 燃油经济性好；

d. 提高了操纵稳定性和制动时的方向稳定性；

e. 简化了后悬架系统。

②缺点：

a. 起动、加速或爬坡时易打滑；

b. 容易出现转向不足的情况。

（3）发动机后置后轮驱动（RR）方式：后置后驱，即发动机后置，后轮驱动。早期广泛应用在微型车上，现在多应用在大型客车上，轿车上已很少应用，但知名的保时捷911"甩尾"，就是因RR出名的，如图6-10所示。代表车型：保时捷911。

①所具有的优点：结构紧凑，没有沉重的传动轴，也没有复杂的前轮转向兼驱动结构。

②缺点：后轴负载较大，在操控性方面会产生与FF相反的转向过度倾向。

（4）发动机中置后轮驱动（MR）方式：中置后驱，即发动机中置，后轮驱动。当前这种布置形式大多应用于跑车上，如知名的法拉利F360、F430都是这种布置形式，如图6-11所示。代表车型：法拉利F430。

①所具有的优点：前后载荷分配非常均匀，具有后驱车型所有优势。

②缺点：严重占用乘坐空间，结构复杂，泛用性不强，成本过高。

图6-10　后置后驱布置示意图

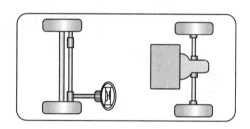

图6-11　中置后驱布置示意图

（5）四轮驱动（4WD）方式：四轮驱动大多采用发动机前置，四轮同为驱动轮的形式。按照技术划分又分为全时、适时、分时四驱，如图6-12所示。

①全时四驱（Full-Time）：前后车辆永远维持四轮驱动方式，行驶时将发动机输出转矩按50:50设定在前后轮上，代表车型：帕萨特CC。

②分时四驱（Part-Time）：由驾驶人根据路面情况，通过接通或断开分动器来变化两轮驱动或四轮驱动模式，代表车型：Jeep2500。

图6-12　全轮驱动布置示意图

③适时四驱（Real-Time）：由计算机选择驱动模式，正常路面一般采用后轮驱动，如果路面不良或驱动轮打滑，计算机会自动切换到四轮驱动状态，代表车型：丰田Rav4。

学习任务六 传动轴(前轮驱动)防尘罩的检查与更换

小 提 示

汽车的驱动方式通常用汽车车轮总数×驱动车轮数来表示,根据驱动车轮数的不同,汽车驱动可以分为4×4、4×2等驱动方式。

引导问题3 万向传动装置的作用和组成是什么?

1 万向传动装置的作用

万向传动装置的作用主要是在轴向相交且相互位置经常发生变化的两转轴之间传递动力,例如当驱动轮从平地到凸起路面时,驱动桥会发生跳动,变速器输出轴与驱动桥输入轴之间的夹角 a 变小,如图6-13所示。

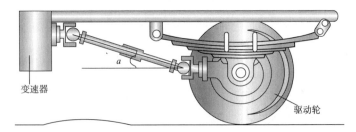

a) 驱动轮在平地上

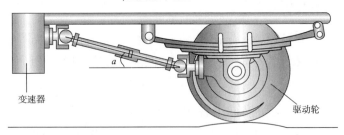

b) 驱动轮在凸起地面上

图6-13 万向传动装置的作用

2 万向传动装置的组成

万向传动装置在汽车上有很多应用,结构也稍有不同,最常见的是位于变速器和驱动桥之间,主要包括万向节和传动轴,对于传动距离较远的分段式传动轴,为了提高传动轴的刚度,还设置有中间支撑,如图 6-14 所示。

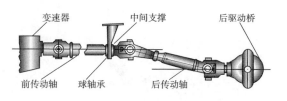

图 6-14　万向传动装置的组成

3 万向传动装置在汽车上的应用场合

(1)万向传动装置在变速器与驱动桥之间,如图 6-14 所示。

(2)万向传动装置在变速器与分动器之间、分动器与驱动桥之间,可以消除车架变形及制造、装配误差等引起的其轴线度误差对动力传递的影响,如图6-15所示。

(3)万向传动装置在转向驱动桥的内、外半轴之间,当转向时两段半轴轴线相交且交角发生变化时传递动力,如图 6-16 所示。

(4)万向传动装置在断开式驱动桥的半轴之间,因为此时主减速器壳体在车架上是固定的,桥壳上下摆动,半轴是分段的,如图 6-17 所示。

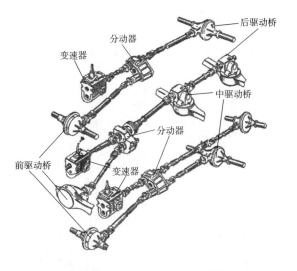

图 6-15　变速器与分动器之间、分动器与驱动桥之间的万向传动装置

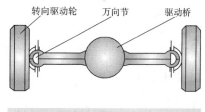

图 6-16　转向驱动桥的内、外半轴之间的万向传动装置

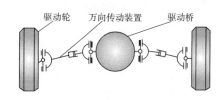

图 6-17　断开式驱动桥的半轴之间的万向传动装置

(5)万向传动装置在转向机构的转向轴和转向器之间有利于转向机构的总体布置,如图 6-18 所示。

学习任务六　传动轴(前轮驱动)防尘罩的检查与更换

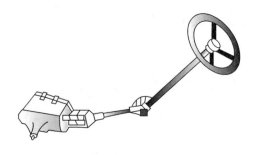

图6-18　转向机构的转向轴和转向器之间的万向传动装置

引导问题4　万向节有什么作用？有哪些类型？

1 万向节的作用

万向节是实现转轴之间变角度传递动力的部件。

2 万向节的分类

万向节根据在扭转方向是否有一定弹性分为刚性万向节和弹性万向节。汽车上应用较多的是刚性万向节。

刚性万向节在扭转方向没有弹性，动力靠零件的铰链式连接传递。刚性万向节的分类见表6-1。

刚性万向节类型　　　　　　　　　　　　　　　　　表6-1

分类	举例	特点	图例
不等速万向节	十字轴式万向节	十字轴式万向节结构简单、强度高、耐久性好、传动效率高、工作可靠、生产成本低。汽车上应用最为普遍	如图6-19所示
准等速万向节	双联式万向节	轴承密封性好、效率高、制造工艺简单、加工方便、工作可靠等。多用于越野汽车	如图6-20所示
准等速万向节	三销轴式万向节	采用此万向节的转向驱动桥可使汽车获得较小的转弯半径，提高了汽车的机动性。多用于越野汽车	如图6-21所示
等速万向节	球叉式万向节	主要应用于轻、中型越野车	如图6-22所示
等速万向节	球笼式万向节	承载能力强和耐冲击能力强、效率高、磨损小、寿命长。广泛应用各种型号的转向驱动桥和独立悬架的驱动桥	如图6-23所示

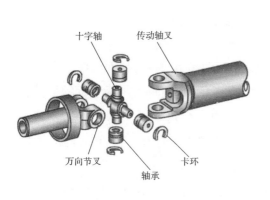

图 6-19 十字轴式万向节

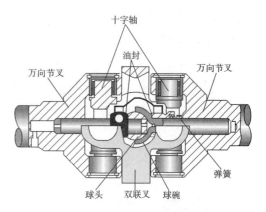

图 6-20 双联式万向节

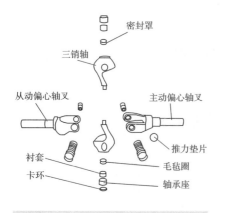

图 6-21 三销轴式万向节

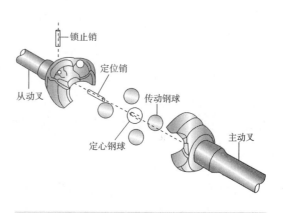

图 6-22 球叉式万向节

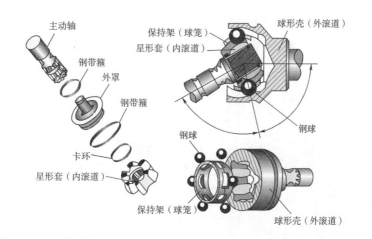

图 6-23 球笼式万向节

学习任务六　传动轴(前轮驱动)防尘罩的检查与更换

引导问题5　等速万向节工作的基本原理是什么?

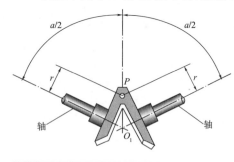

图6-24　等速万向节示意图

等速万向节工作的基本原理:从结构上保证万向节在工作过程中的传力点永远位于两轴交点的平分面上。两齿轮的接触点 P 位于两齿轮轴线交角 α 的平分面上,由 P 点到两轴的垂直距离都等于 r。在 P 点处两齿轮的圆周速度是相等的,因而两个齿轮旋转的角速度也相等。若万向节主动轴与从动轴之间的传力点在其交角变化时始终位于角平分面内,则两万向节叉必然能实现等角速传动,如图6-24所示。

二、实 施 作 业

引导问题6　传动轴的检查与拆装作业有哪些准备工作?

传动轴的检查与拆装作业的检查调整作业前需要做好如下准备工作。
(1)整车爱丽舍轿车或爱丽舍轿车底盘。
(2)每组一套底盘拆装工具、零部件盆。
(3)常用量具。
(4)每组一套回收桶、加油机、举升机。
(5)熟悉汽车维修的安全规则,熟悉举升机的使用方法和注意事项。

图6-25　拆卸两前轮

(6)维修手册、工单。
(7)铺好车辆保护装置。
(8)材料:手动变速器齿轮油。
(9)汽车进入工位前,将工位清理干净,详见任务一引导问题8。
(10)用举升机举升汽车到中位,详见任务三引导问题7。
(11)拧下两轮轮胎紧固螺栓,拆下两前轮,如图6-25所示。

(12)将车辆举升至高位,如图6-26所示。

(13)拧下变速器放油螺塞,放尽变速器齿轮油,如图6-27所示。

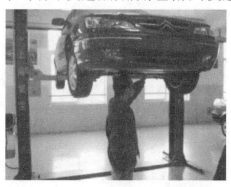

图6-26 将车辆举升至高位

图6-27 放尽变速器齿轮油

思考: 拆传动轴之前为何要放变速器齿轮油?

_____

_____

引导问题7 拆装传动轴有哪些工作步骤和技术要求?

(1)传动轴的拆卸步骤。

① 借助轮毂固定工具6310T,拆下传动轴端头螺母止动件,拧下传动轴端头,支起汽车前部,使两轮悬空,如图6-28所示。

② 拆下三角臂球形接头的固定螺母,脱开三角臂总成球形接头,拆下横拉杆球头螺母,使横拉杆和转向节臂分离,如图6-29所示。

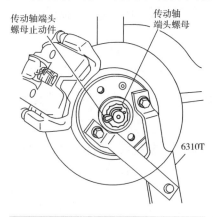

图6-28 拆卸端头螺母

图6-29 拆卸左传动轴

③将轮毂与左、右传动轴分离,必要时,用小木锤轻敲传动轴,以便使轮毂与传动轴容易分离,如图 6-30 所示。

④拆下左传动轴,如图 6-31 所示。

图 6-30　使轮毂与传动轴分离

图 6-31　拆下左传动轴

⑤拧下右传动轴中间轴承的两个固定螺母,然后将偏头螺栓旋转 90°,如图 6-32 所示。

⑥拆掉右传动轴,取下防护套,如图 6-33 所示。

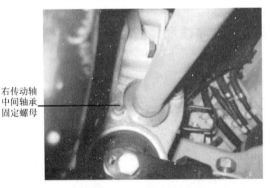

图 6-32　拆卸右传动轴

图 6-33　拆掉右传动轴

(2)传动轴的安装步骤。

按传动轴拆卸相反的顺序装左、右传动轴。安装时,应注意下列问题。

①安装前,应先检查传动轴上的油封有无损伤,若有任何一点伤痕,应换上新油封,如图 6-34 所示。

②更换安装传动轴、防护套及万向节等零件时,应根据车型注意其零件的通用性。

③小心进行每道工序,注意不要损坏油封。

④应更换传动轴轮毂端头带锁止片的螺母或锁紧螺母、卡销,如图 6-35 所示。

图6-34 检查传动轴油封

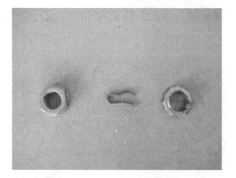

图6-35 检查传动轴轮毂的锁紧螺母、卡销

⑤各固定螺母的拧紧力矩见表6-2。

各固定螺母的拧紧力矩　　　　　　　　　　　表6-2

序　号	名　　称	拧紧力矩（N·m）
1	右传动轴中间轴承的两个固定螺母	10
2	三角臂球形接头的固定螺母	45
3	传动轴端头螺母	325
4	轮胎螺栓	90

⑥按标准量加注变速器齿轮油。

引导问题8 万向节和防尘罩的检查和更换有哪些工作步骤和技术要求？

1 万向节的检查及更换

万向节的严重磨损会使传动轴工作状况变坏，因而应对其磨损状况进行重点检查。检查方法可采用拆下检查或就车检查。

（1）拆下检查方法：将传动轴夹在台虎钳上，按图上箭头所示的方向来回拧动传动轴两端，若在万向节的径向方向有明显的间隙感，则说明该万向节磨损严重。对于磨损严重的万向节应予更换，对于接差速器一侧的万向节在轴向应能自由平顺地滑动，否则，应更换传动轴总成，如图6-36所示。

（2）就车检查方法：

①将汽车驾驶到开阔地带，起动汽车，当汽车慢行时将转向盘打到底，若此时出现金属的撞击声，则可能是传动轴外侧万向节磨损松旷所致；

②轻踩加速踏板使汽车加速，若此时明显感到振动，则可能是传动轴内侧万向节磨损松旷所致；

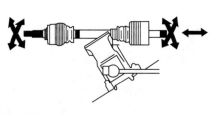

图6-36 检查传动轴万向节

③停车后,用举升机将汽车举起固定,用手晃动传动轴,如图6-37所示,然后转动车轮,如图6-38所示,若此时感觉有松旷及撞击现象,则表明万向节磨损松旷。

图6-37　晃动传动轴

图6-38　转动车轮

2 防尘罩的检查及更换

汽车的日常维护中就应注意检查传动轴防护套。

（1）检查方法如下。

①将汽车举升到中位。

②用手轻按防尘罩,观察是否破裂,若破裂,应更换防护套,如图6-39所示。

③用手转动防护套卡箍,观察是否断裂或变形,若断裂或变形,应予以更换,如图6-40所示。

图6-39　检查防尘罩

图6-40　检查防护套卡箍

> **小提示**
>
> 防尘罩破裂或者卡箍固定不牢会导致润滑脂泄漏,加速万向节的异常磨损、传动轴工作不正常,甚至使传动轴报废。

(2)更换防护套的方法如下(以更换靠变速器侧防护套为例说明)。

①拆下传动轴。

②用一字螺丝刀及专用工具拆下防护套,如图6-41所示。

图6-41 拆卸防护套

③作好传动轴与万向节套的装配标记,如图6-42所示。

④从万向节套中拔出传动轴及三销总成,如图6-43所示。

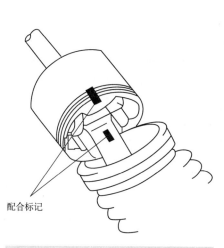

配合标记

图6-42 配合标记

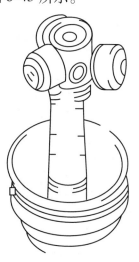

图6-43 拔出传动轴及三销总成

⑤作好三销轴总成与传动轴的装配标记;拆下传动轴端头弹性卡环,从三销总成中拔出传动轴。

⑥换上新的带有170g润滑脂的防护套。

⑦将润滑脂涂到万向节运动件工作表面。

⑧按装配标记及拆防护套的反向顺序装上传动轴、万向节三销总成及防护套。

⑨装上防护套卡箍,卡牢防护套。

引导问题9 传动轴检查与拆装后的试车有哪些?

(1)举升汽车至合适高度,检查传动轴护套是否有漏油现象。

(2)将汽车停放到开阔地带,起动汽车,依次将变速杆换入各挡位,检查车辆传动轴是否发出异响。

学习任务六 传动轴(前轮驱动)防尘罩的检查与更换

引导问题 10 传动轴的检查与拆装作业结束工作有哪些?

(1)车辆的清理:详见学习任务一引导问题 12。
(2)工具的清理:详见学习任务一引导问题 12。
(3)场地的清理:详见学习任务一引导问题 12。

三、评价与反馈

(1)对本学习任务进行评价,见表 6-3。

评 分 表　　　　　　　　　表 6-3

考核项目	评 分 标 准	分值	学生自评	小组评价	教师评价	小计
团队合作	是否和谐	5				
活动参与	是否积极主动	5				
安全生产	有无安全隐患	10				
现场 5S	是否做到	10				
任务方案	是否正确、合理	15				
操作过程	①作业前的准备工作; ②传动轴的拆装操作; ③万向节的检查; ④防尘罩的检查; ⑤调整后的试车	30				
任务完成情况	是否圆满完成	5				
工具与设备使用	是否规范、标准	10				
劳动纪律	是否严格遵守	5				
工单填写	是否完整、规范	5				
总分		100				
教师签名:			年　月　日		得分	

(2)在实施作业时都有哪些安全注意事项？每个安全注意事项你都注意到了吗？如果没有,找出忽略的地方和原因。

(3)能否向车主解释汽车打滑可能存在的原因及检查方法？如果不能,分析原因并提出改进措施。

四、学习拓展

(1)某车辆在行驶过程中,随着车速的升高而车辆振动加大,请分析导致车辆振动的原因。

(2)传动轴异响的原因和排除的方法是什么？

学习任务七

驱动桥(后轮驱动)异响的检修

学习目标

完成本学习任务后,你应当能:
1. 了解驱动桥的组成和各部分的作用;
2. 掌握主减速器的结构和工作原理;
3. 掌握差速器的结构和工作原理;
4. 掌握驱动桥(后轮驱动)的常见故障;
5. 掌握驱动桥(后轮驱动)的故障诊断方法和流程;
6. 熟练安全地对驱动桥进行检查与拆装。

 建议完成本学习任务的时间为 **6 课时**。

 学习任务描述

一辆1.6L爱丽舍轿车,因底盘异响进厂维修,检查后估计是驱动桥出现故障,需要对车辆驱动桥总成进行检查,请你确定故障部位,并维修或更换。

学习内容

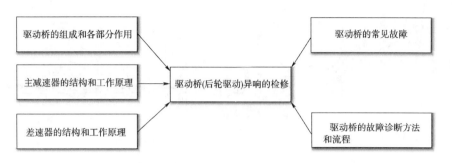

一、资料收集

引导问题1 驱动桥的作用和组成有哪些?

1 驱动桥的作用

驱动桥的作用是将由万向传动装置传来的发动机转矩传给驱动车轮,并减速增矩,同时改变动力传递方向,使汽车行驶,而且允许左右驱动车轮以不同的转速旋转。

2 驱动桥的组成

驱动桥一般由主减速器、差速器、半轴和桥壳组成,如图7-1所示。

3 驱动桥的分类

按照悬架结构的不同,驱动桥可以分为整体式驱动桥和断开式驱动桥。

(1)整体式驱动桥:又称非断开式驱动桥,与非独立悬架配用,左右驱动轮不能独立跳动,车身波动较大,如图7-2所示。

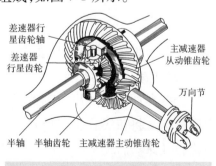

图7-1 驱动桥的组成

(2)断开式驱动桥:与独立悬架配用,两侧的驱动轮和桥壳可以彼此独立的相对于车架上下跳动,如图7-3所示。

学习任务七 驱动桥(后轮驱动)异响的检修

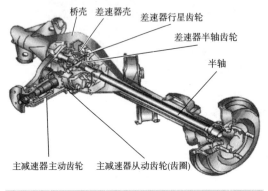

图7-2 整体式驱动桥

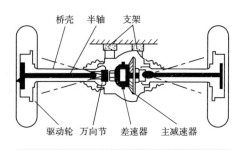

图7-3 断开式驱动桥

引导问题2 主减速器的作用、类型和结构怎样?

(1)主减速器的作用:
①将万向传动装置传来的发动机转矩传给差速器。
②在动力的传递过程中要将转矩增大并相应降低转速。

小提示

主减速器的主减速比(又称主传动比):主动齿轮的转速与从动齿轮的转速之比,即从动锥齿轮与主动锥齿轮(齿圈)齿数比,以下式表示:

$$i_{主减速比} = \frac{主减速器从动锥齿轮齿数(齿圈齿数)}{差速器主动锥齿轮数}$$

汽车的总减速比是指变速器传动比与主减速比的乘积,用公式表示为:

$$i_{主减速比} = i_{主减速器} \times i_{变速器}$$

③对于纵置发动机,还要将转矩的旋转方向改变90°。
(2)主减速器的类型。
①按参加传动的齿轮副数目,可分为单级式主减速器和双级式主减速器。有些重型汽车又将双级式主减速器的第二级圆柱齿轮传动设置在两侧驱动车轮附近,称为轮边减速器。
②按主减速器传动比个数,可分为单速式和双速式主减速器。单速式的传动比是固定的,而双速式则有两个传动比供驾驶人选择。
③按齿轮副结构形式,可分为圆柱齿轮式(又可分为定轴轮系和行星轮系)主减

速器和锥齿轮式（又可分为螺旋锥齿轮式和准双曲面锥齿轮式）主减速器。

目前，在轿车中主要是应用单级式主减速器。

（3）主减速器的结构如图7-4所示。

引导问题3 差速器的作用、类型、结构和工作原理是什么？

1 差速器的作用

差速器的作用是将主减速器传来的动力传给左、右两半轴，并在汽车转弯时允许左、右半轴以不同转速旋转，以满足两侧驱动轮旋转速度不同的需要，如图7-5所示。

图7-4 雪铁龙爱丽舍轿车主减速器结构

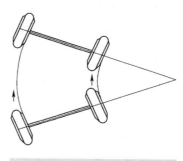

图7-5 差速器的作用

2 差速器的类型

（1）差速器按其用途分为轮间差速器（装在驱动桥内）和轴间差速器（装在各个驱动桥之间）。

（2）按工作特性分为普通差速器和防滑差速器。

3 差速器的结构

差速器主要由行星齿轮、行星齿轮轴、半轴齿轮和差速器壳等组成，如图7-6所示。

4 差速器的工作原理

（1）汽车直线行驶时的差速器运动。当汽车正常直线行驶时，行星齿轮只随着差速器壳一起绕轴线旋转（公转），左、右半轴齿轮角速度相等，此时无差速作用，如图7-7所示。

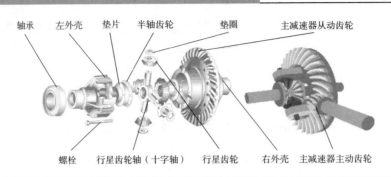

图 7-6 差速器的组成

(2) 汽车转弯行驶时的差速器运动。当汽车转弯行驶时,两侧车轮所遇到阻力不同,内侧车轮比外侧车轮所遇阻力大,其结果使得行星齿轮顺时针旋转,当行星齿轮除了公转,还要绕自身轴线以某一转速自转时,则左半轴齿轮的转速将在原转速的基础上,重叠一个因行星齿轮自转引起的转速,同时,右半轴齿轮则减去一个大小相同、转向相反的转速,对左右半轴齿轮来说,其转速的总和保持不变,如图 7-8 所示。

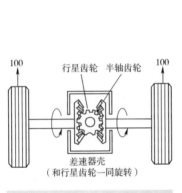

图 7-7 直线行驶时的差速器运动

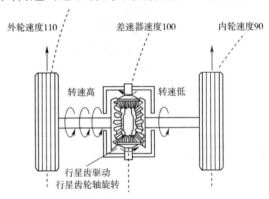

图 7-8 转弯行驶时的差速器运动

二、实 施 作 业

引导问题 4 主减速器检修作业的准备工作有哪些?

主减速器的检修前要做好如下准备工作。
(1) 东风 EQ1090E 型汽车或东风 EQ1090E 型汽车底盘。
(2) 每组一套底盘拆装工具、零部件盆。
(3) 常用量具。

(4)每组一套回收桶。

(5)熟悉汽车维修的安全规则,熟悉举升机的使用方法和注意事项。

(6)维修手册、工单。

(7)铺好车辆保护装置。

(8)材料:准双曲面齿轮油。

(9)汽车进入工位前,将工位清理干净,详见学习任务一。

引导问题5 主减速器拆装工作步骤和技术要求有哪些?

(1)主减速器总成拆装步骤如下。

①将车辆驾驶到地槽上方,如图7-9所示。

②检查减速器壳是否有漏油或其他异常现象。　　□有　□无

③拆下放油螺塞,如图7-10所示,将桥壳内的主减速器油排放干净。

图7-9　修车地槽

图7-10　拆下放油螺塞

a. 检查主减速器的油质。□正常　□很黑　□很黑且有杂质

b. 排放完差速器油后,用手转动一侧车轮,同时观察另一侧车轮出现何种现象;并运用所学知识分析原因。

_____

_____

小提示

排放主减速器油前,检查其各接合面是否有漏油现象。排放主减速器油应谨慎操作,要注意油温,避免油温过高烫伤手。

学习任务七　驱动桥(后轮驱动)异响的检修

④将传动轴从后桥上拆下,如图 7-11 所示。

图 7-11　传动轴

问题：解释在拆卸传动轴时,为什么要做配合标记?

_____

_____。

⑤从制动轮缸(分泵)脱开制动油管。
⑥拆下驻车制动器钢索。
⑦拆下后桥半轴,如图 7-12 所示。

小提示

拆卸半轴时注意不要损坏装在轴管上的半轴油封。

⑧拆下主减速器总成,如图 7-13 所示。

图 7-12　拆下后桥半轴

图 7-13　主减速器总成

⑨将主减速器安装在支撑架上。
(2)主减速器差速器的分解步骤如下。
①主减速器的分解和检查如图 7-14a)所示;接合凸缘的拆卸如图 7-14b)所示。

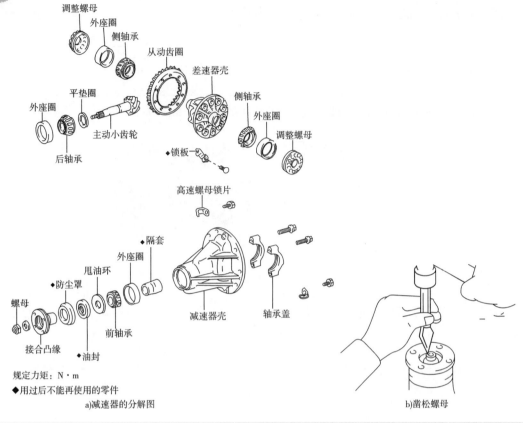

规定力矩：N·m
◆用过后不能再使用的零件

a) 减速器的分解图　　b) 凿松螺母

图 7-14　主减速器分解与装配图

 小提示

使用凿子时应注意不要损坏主驱动轴螺纹。

②使用 SST 固定住凸缘，拆下螺母，如图 7-15 所示。

③拆下前油封，如图 7-16 所示。

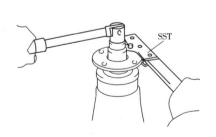

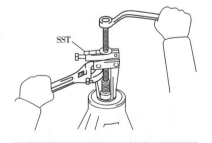

图 7-15　拆卸螺母　　　　图 7-16　拆下前油封

学习任务七 驱动桥(后轮驱动)异响的检修

问题:拆下的前油封能否继续使用?为什么?

_____

_____ 。

④拆下前轴承,并检查前轴承是否有异常的损坏,如图 7-17 所示。　□有　□无

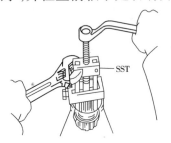

图 7-17　拆下前轴承

问题:如果发现轴承损坏,其相应的座圈正常,更换轴承时需要更换其相应的座圈吗?请阐述原因。

_____

_____ 。

⑤拆下减速器壳,如图 7-18 所示。检查拆下的调整螺母的螺纹、减速器壳螺纹是否有磨损及其他异常损坏现象。　　　　　　　　　　　　　　□有　□无

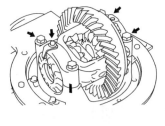
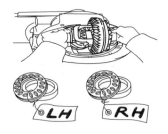

图 7-18　拆下差速器

⑥拆下主动小齿轮的后轴承,如图 7-19 所示。检查后轴承及减速器壳后轴承座圈有无异常的损坏。　　　　　　　　　　　　　　　　　　□有　□无

 小提示

当轴承损坏时,要连同与其相配合的轴承座圈一起更换。

⑦拆下从动齿圈,如图7-20所示。

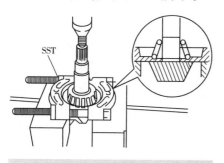

图7-19 拆下后轴承

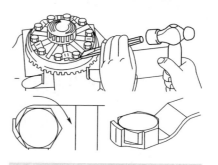

图7-20 拆下从动齿圈

小 提 示

拆卸齿圈前,应在从动齿圈和差速器壳上标配合标记。拆卸螺栓时,为了平均分配张紧力,应按照对角线顺序,依次均匀松开、拆卸每个螺栓。

问题:当从动齿圈和主动锥齿轮中的某一个损坏需维修时,是否要将两者同时进行更换?请阐述原因。

_____

_____

_____。

⑧拆下侧轴承,如图7-21所示。检查侧轴承的滚子、轴承架是否有异常和损坏现象。　　　　　　　　　　　　　　　　　　□有　□没有

⑨分解差速器,如图7-22所示。

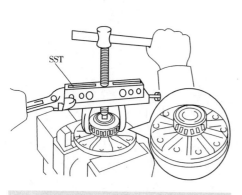

图7-21 拆下侧轴承

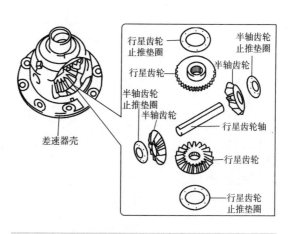

图7-22 分解差速器

⑩检查差速器组件,如图7-23所示,并将检查数据填写在表7-1中。

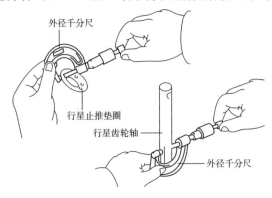

图7-23 差速器组件的检查

差速器组件的记录表　　　　　　　　　　　　　　　　表7-1

检 测 项 目	测量数值(mm)	标准数值(mm)	维 修 建 议
止推垫圈厚度			
行星齿轮轴外径			

(3)主减速器和差速器总成的装配步骤如下。

①差速器总成的装配,如图7-24所示。

②测量半轴齿轮啮合间隙,如图7-25所示。并将测量数据填写在表7-2中。

如果测量的啮合间隙值过大,选择另一个厚度_____(较大/较小)的垫圈,调整啮合间隙。如果测量的啮合间隙值过小,选择另一个厚度_____(较大/较小)的垫圈,调整啮合间隙。

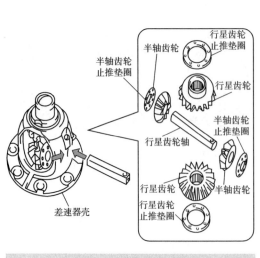

图7-24 差速器总成的装配

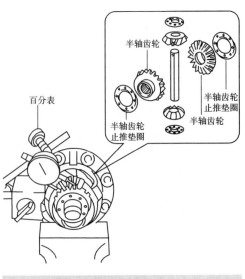

图7-25 测量半轴齿轮啮合间隙

半轴齿轮记录表　　　　　　　　　　　表 7-2

检 测 项 目	测量数值(mm)	标准数值(mm)	维修建议
半轴齿轮啮合间隙			

③安装差速器齿圈，如图 7-26 所示。

a) 加热齿圈

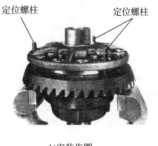
b) 安装齿圈

图 7-26　加热齿圈和安装齿圈

小提示

拧紧齿圈螺栓时，应按照对角线顺序，依次均匀拧紧每个螺栓，待齿圈完全冷却后，最后按规定力矩拧紧。

问题：安装差速器齿圈前为什么要将齿圈加热？齿圈螺栓的标准拧紧力矩是多少？

④将齿圈螺栓的锁止片锁上，如图 7-27 所示。

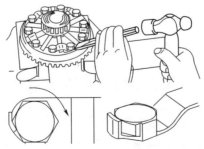

图 7-27　锁紧螺母

学习任务七 驱动桥(后轮驱动)异响的检修

装配时必须使用新的螺栓锁止片。

⑤安装主驱动齿轮轴的内轴承,如图7-28所示。

平垫片的倒角应朝向小齿轮。使用压床进行安装主驱动齿轮轴的内轴承时,应在压轴承的同时转动轴承,以便检查轴承是否损坏。

⑥安装主驱动齿轮轴前轴承、隔套和甩油环,如图7-29所示。

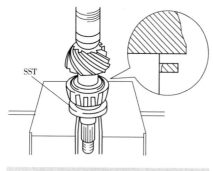

图7-28 安装主轴内轴承

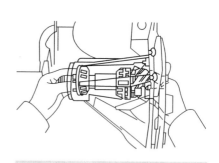

图7-29 安装前轴承、隔套和甩油环

安装时应用齿轮油润滑轴承。

⑦安装主减速器油封,如图7-30所示。
⑧使用SST安装接合凸缘,如图7-31所示。

引导问题6 驱动桥(后轮驱动)异响的检修有哪些?

驱动桥(后轮驱动)异响的检修内容如下。

①检查主减速器主、从动锥齿轮的外观:齿轮有无明显划伤;齿轮有无裂纹;齿轮有无剥落,如图7-32所示。

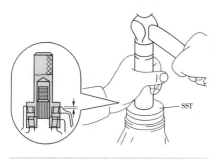

图 7-30　安装油封

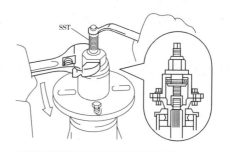

图 7-31　安装接合凸缘

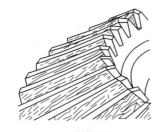

a)划伤的齿

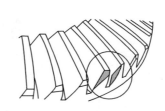

b)轮齿边的缸口或凸起

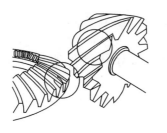

c)碎裂的齿

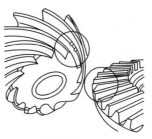

d)工作侧敲

图 7-32　主、从动锥齿轮目检

②检查接凸缘的纵向摆差,如图 7-33 所示。

③检查接合凸缘的横向摆差,如图 7-34 所示。

图 7-33　检查凸缘纵向摆差

图 7-34　检查凸缘横向摆差

④检查从动齿圈的端面摆差,如图 7-35 所示。
⑤检查从动齿圈的啮合间隙,如图 7-36 所示。

问题: 在进行啮合间隙检查时,分析并阐述导致测量值比标准值大的原因。

_____

_____

⑥检查差速器侧齿轮的啮合间隙,如图 7-37 所示。

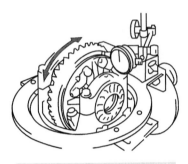 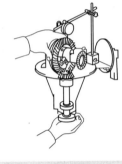 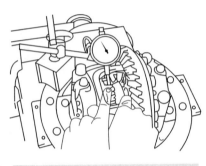

图 7-35　检查从动齿圈的摆差　　　图 7-36　测量从动齿圈的啮合间隙　　　图 7-37　检查差速器齿轮啮合间隙

问题: 在进行差速器齿轮啮合间隙检查时,导致测量值比标准值大的原因是什么?

_____

_____

将以上测量的数据填写在表 7-3 中。

主减速器分解前检测数据　　　　　　　　　　　　　　　　表 7-3

检测项目	测量数值(mm)	标准数值(mm)	维修建议
接合凸缘的纵向摆差			
接合凸缘的横向摆差			
主、从动齿圈端面摆动			
主、从动齿圈啮合间隙			
差速器侧齿轮啮合间隙			

引导问题 7 主减速器检修作业的结束工作有哪些?

(1)车辆的清理:详见学习任务一引导问题 12。
(2)工具的清理:详见学习任务一引导问题 12。
(3)场地的清理:详见学习任务一引导问题 12。

三、评价与反馈

(1)对本学习任务进行评价,见表 7-4。

评 分 表　　　　　　　　　表 7-4

考核项目	评 分 标 准	分值	学生自评	小组评价	教师评价	小计
团队合作	是否和谐	5				
活动参与	是否积极主动	5				
安全生产	有无安全隐患	10				
现场 5S	是否做到	10				
任务方案	是否正确、合理	15				
操作过程	①作业前的准备工作; ②主减速器差速器的拆装操作; ③主减速器差速器的检查; ④驱动桥异响的检查; ⑤调整后的试车	30				
任务完成情况	是否圆满完成	5				
工具与设备使用	是否规范、标准	10				
劳动纪律	是否严格遵守	5				
工单填写	是否完整、规范	5				
总分		100				
教师签名:			年　月　日		得分	

(2)在实施作业时都有哪些安全注意事项？每个安全注意事项你都注意到了吗？如果没有，找出忽略的地方和原因。

(3)能否向车主解释汽车主减速器、差速器的工作原理和日常的维护情况？如果不能，分析原因并提出改进措施。

四、学习拓展

(1)单、双级主减速器特点是什么？应用在哪些场合？

(2)啮合接合面与啮合间隙之间的要求是什么？

汽车传动系统维修

学习任务八

自动变速器油(ATF)的检查与更换

 学习目标

完成本学习任务后,你应当能:
1. 知道自动变速器的位置及作用;
2. 了解自动变速器的种类;
3. 掌握自动变速器油的作用;
4. 了解自动变速器油的技术数据及相关环保知识;
5. 准确规范地检查自动变速器油;
6. 熟练安全地更换自动变速器油。

 建议完成本学习任务的时间为4课时。

学习任务描述

一辆1.6L爱丽舍轿车行驶60000km后进行汽车维护,请你检查自动变速器油是否需要更换。

学习任务八　自动变速器油(ATF)的检查与更换

 学习内容

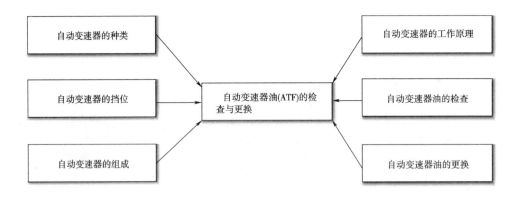

一、资　料　收　集

引导问题1　汽车自动变速器有哪些类型？

（1）按汽车的驱动方式不同，可分为前驱动自动变速器和后驱动自动变速器两种。

①前驱动自动变速器如图8-1所示。

②后驱动自动变速器如图8-2所示。

图8-1　前驱动自动变速器

图8-2　后驱动自动变速器

（2）按机械变速器的传动机构的类型不同，可分为平行轴式、行星齿轮式与钢带传动式三种。

①平行轴式自动变速器如图 8-3 所示。

②行星齿轮式自动变速器如图 8-4 所示。目前,轿车上广泛采用的行星齿轮机构的类型主要有辛普森式和拉威挪式两种,如图 8-5 所示。

图 8-3　平行轴式自动变速器

图 8-4　行星齿轮式自动变速器

③钢带传动式自动变速器,如图 8-6 所示。

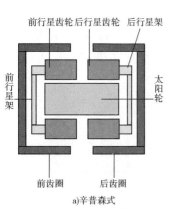

a)辛普森式

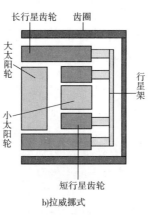

b)拉威挪式

图 8-5　辛普林式和拉威挪式自动变器

图 8-6　钢带传动式自动变速器

引导问题2　自动变速器的各挡位标识有哪些?控制开关怎样?

1　自动变速器的各挡位标识

自动变速器挡位有 6 个位置和 7 个位置两种。6 个位置的挡位标识一般是 P、

R、N、D、2、1位,有的厂家也把2位标成S位,把1位标成L位。6个手柄位置的自动变速器一般另设一个超速挡选择开关O/D,典型的6个手柄位置自动变速器选挡手柄如图8-7a)所示。7个位置挡位标识一般是P、R、N、D、3、2、1位,也有的标成P、R、N、D_4、D_3、2、1。选挡手柄所处的位置由挡位指示器的指针指示或由仪表显示,如图8-7b)所示。

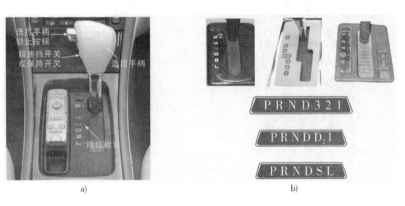

图8-7 自动变速器选挡手柄及挡位指标器

(1)"P":驻车挡。表示停止位置。此时自动变速器输出轴卡死,车辆不能前后移动。在"P"时,发动机可以起动。

(2)"R":倒挡。表示倒挡位置。此时汽车可以倒向行驶。通常要按下拨杆上的保险按钮,才可将拨杆移至"R"位。选用"R"位后,不能启动发动机。

当车辆尚未完全停定时,绝对不可以强行挂入"P"或"R"位,否则变速器会受到严重损坏。

(3)"N":空挡。表示空挡位置。此时没有动力从变速器输出,发动机在空挡时可以起动。

(4)"D":前进自动挡。表示前进行驶位置,随着行驶条件的变化,在前进挡中自动升降挡,实现自动变速功能。在"D"位时,不能启动发动机。

(5)"3"表示四速变速器的三挡位置。在"3"位时,变速器可以从一挡至二挡、二挡至三挡依次自动升挡或从三挡至二挡、二挡至一挡自动降挡,但不能进入超速挡。

(6)"2"表示2挡位置。此时变速器可在一挡至二挡间自动升挡或二挡至一挡间自动降挡,但不能升入三挡。在"2"位时,不能启动发动机。

(7)"1"表示手选一挡位置,即低挡位置。此时汽车只能用一挡行驶,不能升挡。这个位置在汽车行驶于坑洼、湿路面或结冰路面上行驶时选用。在下陡坡时,也可选择这个位置,以用发动机的制动作用控制车速。在"1"位时,不能启动发动机。

另外,AL4 自动变速器换挡手柄杆还有一个 M 挡:手动挡,在此位置能让驾驶人通过将操纵杆推向"M+"或"M-"来实现加挡或减挡。在此位置时,换挡是通过电子传感器来实现的。

思考:哪些挡位可以启动发动机?哪些挡位不可以启动发动机?

可以启动发动机的挡位:_____。

不可以启动发动机的挡位:_____。

2 控制开关

控制开关,如图 8-8 所示。

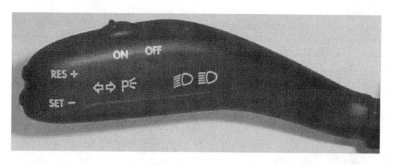

图 8-8　巡航控制开关

(1)超速挡选择开关 O/D。

(2)换挡模式选择开关,主要有经济模式、动力模式和标准模式三种。

(3)巡航控制(CC)开关,如图 8-8 所示。

(4)保持(HOLD)开关。

(5)S4 控制开关。

自动变速器各控制开关,如图 8-9 所示。

引导问题3　自动变速器由哪些装置组成?

自动变速器主要有液力变矩器、变速机构、输油系统、控制系统等组成,如图8-10

学习任务八 自动变速器油（ATF）的检查与更换

所示。

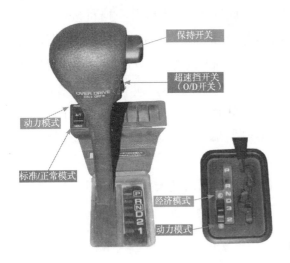

图 8-9 自动变速器各控制开关

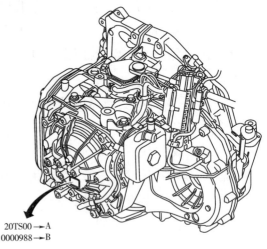

图 8-10 AL4 自动变速器结构

1 液力变矩器

（1）液力变矩器的功能。

①与手动变速器的汽车中离合器相似。确保发动机与变速器之间柔性、自动连接，在车辆停止时，可逐步与发动机分离，确保发动机不熄火。

②增扭。最多可以把来自发动机的转矩增加 2.2 倍。

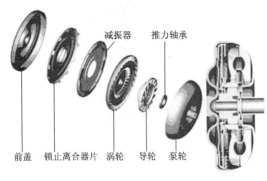

图 8-11 液力变矩器的结构

③传递转矩。可以把发动机的转矩以 96% 的效率传递，锁止时效率几乎可以达到 100%。

（2）液力变矩器的结构：由泵轮、涡轮、导轮、锁止装置、摩擦片和减振器等组成，如图 8-11 所示。

（3）液力变矩器的工作原理：液力变矩器的工作原理如同一对相互对着的电风扇，通电的电风扇 A 将气流吹动未通电的电风扇 B，为了实现放大转矩在两台电风扇背面加上一条空气通道，使通过电风扇 B 的气流从电风扇 A 背面流回，从而加强电风扇 A 吹动的气流，从而增加吹向电风扇 B 的转矩。此时电风扇 A 相当于泵轮，电风扇 B 相当于涡轮，空气通道相当于导轮，空气作为传递介质相当于 ATF，如图 8-12 所示。

泵轮通过液流带动涡轮旋转,总是存在着转速差,因此传动效率低。自动变速器油温度容易升高,为了提高变矩器传动效率,降低油温,充分利用发动机转矩,AL4自动变速器通过计算机控制液力分配器上的锁止电磁阀形成了不同油路中的压力来控制锁止离合器片的接合和分离。液力变矩器一般在三和四挡时锁止。

(4)安装位置:位于自动变速器的最前端,安装在发动机的飞轮上,如图8-13所示。

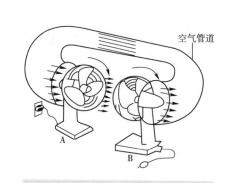
图8-12 液力变矩器的工作模型

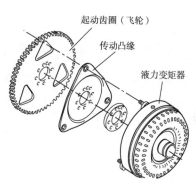
图8-13 液力变矩器的安装位置

小 提 示

液力传动部分要安装到位,以免损坏油泵,运输时要安装挡杆。

2 变速机构

变速机构包括传动机构和换挡执行机构。

(1)变速机构的功能:将液力变矩器输入的转矩增大或减小,实现不同的传动比并通过输出轴传给万向传动装置。

(2)变速机构的结构:目前自动变速器变速机构大多数采用行星齿轮变速器。换挡执行机构主要有离合器制动器和单向离合器。

(3)变速机构的工作原理:行星齿轮变速器因齿轮的排列方式不同有多种不同类型,如辛普森式行星齿轮结构和拉威挪式行星齿轮结构。

①首先我们了解单排行星齿轮的结构和运动情况。

a. 单排行星齿轮的结构如图8-14所示,单排行星齿轮的运动关系,如图8-15所示。

学习任务八　自动变速器油(ATF)的检查与更换

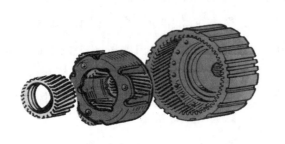

图8-14　单排行星齿轮的结构

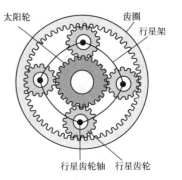

图8-15　单排行星齿轮运动关系

b. 单排行星齿轮的运动情况见表8-1。

单排行星齿轮的运动情况　　　　　　　　　　表8-1

固定件	主动件	从动件	传动效果	从动件转动方向
太阳轮	行星架	齿圈	加速	与主动件相同
	齿圈	行星架	减速	
齿圈	行星架	太阳轮	加速	与主动件相同
	太阳轮	行星架	减速	
行星架	齿圈	太阳轮	加速	与主动件相反
	太阳轮	齿圈	减速	
任意的两元件一体		余下件	等速	与连接件相同
0	任意	任意	0	0

②搞清楚单排行星齿轮的运动情况后，我们再把多排行星齿轮组合研究运动情况。两排行星齿轮组合，如图8-16所示。

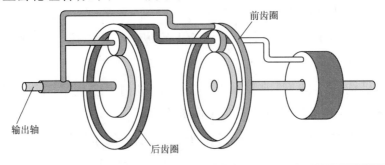

图8-16　两排行星齿轮组合

说明：前齿圈与后行星架与输出轴相连；前行星架与后齿圈相连。

AL4自动变速器采用辛普森Ⅱ行星齿轮系，由两个简单的行星齿轮组组成，第一行星齿轮组位于变速器后端盖一侧,第二行星齿轮组位于液力变矩器一侧。第一组的齿圈 C1 与第二组的行星架 PS2 和一级主动减速齿轮连在一起,第二组的齿圈 C2 与第一组的行星架 PS1 连在一起。经过不同离合器和制动器作用后,动力从一级主动减速齿轮输出。两个太阳轮 P1 和 P2,两组行星齿轮 S1 和 S2,两个行星架 PS1 和 PS2,两个齿圈 C1 和 C2,如图 8-17 所示。

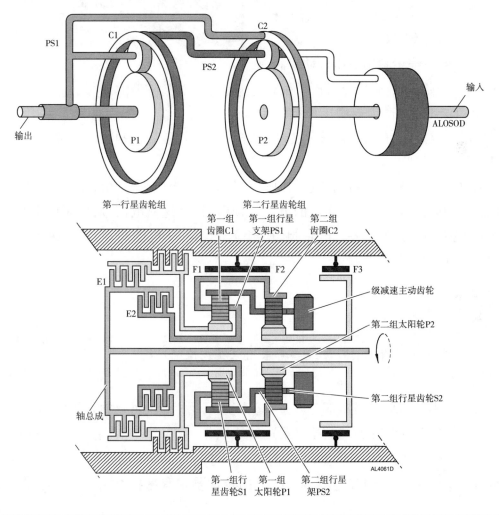

图 8-17 AL4 自动变速器行星齿轮工作原理

3 输油系统

(1)输油系统功能:由飞轮通过液力变矩器壳直接驱动油泵,为液力变矩器控制系统及换挡执行机构的工作提供一定压力的自动变速器油。在自动变速器的外部安装自动变速器油散热器,用于散发自动变速器油在工作过程中产生的热量。

(2)输油系统结构：由油泵、调整阀、限压阀、分配阀、管路和散热器等组成，如图8-18所示。

4 控制系统

控制系统包括液压式和电液式两种。

(1)控制系统功能。

①液压式：完全利用液压自动控制原理来完成。其主要控制任务，将节气门开度信号、车速信号、换挡控制手柄的位置信号等转变成液压信号，利用液压传动原理，通过液控装置向执行元件输送压力油，使其工作，以得到不同的挡位。

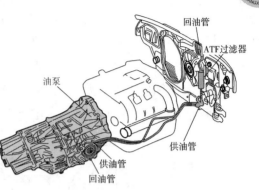

图8-18 输油系统

②电液式：利用电子自动控制的原理来完成各种控制任务。传感器将汽车及发动机的各种运转参数转变为相应的电信号，ECU根据这些电信号，按照设定的控制程序发出控制信号，通过各种电磁阀（换挡电磁阀、油压电磁阀等）来操纵各个控制阀的工作，以完成各种控制工作。

> 现在几乎所有的自动变速器都采用电液式控制系统。

(2)控制系统结构：液压部分（液压阀、液压泵及相应的液压执行元件）和电子控制装置（传感器、控制开关和电控单元）。

引导问题4 自动变速器油(ATF)的技术要求有哪些？

自动变速器油简称ATF（Automatic Transmission Fluid），是专门用于自动变速器的油液。既是液力变矩器的传动油，又是行星齿轮结构的润滑油和换挡装置的液压油。

(1)适当的黏度。ATF的使用温度为-40～170℃。不同种类变速器所需要的ATF黏度也不相同，因此不能随意地更换汽车使用ATF的标准油。当使用ATF的黏度偏大时，不仅影响变矩器的效率，而且可能造成低温起动困难；当使用ATF的黏度偏小时,会导致液压系统的泄漏增加。特别是变速器在高速工作时,铝制壳体膨胀量大,此时黏度小则可能引起换挡不正常。

(2)良好的热氧化稳定性。油品的氧化稳定性直接决定着ATF的使用寿命和自动变速器的使用寿命。因为ATF的使用温度很高,如果热氧化稳定性不好,就会导致形成油泥、清漆、积炭及沉淀物等,从而造成离合器片和制动片打滑、控制系统失灵等故障的发生。

(3)良好的抗泡沫性。自动变速器中的ATF产生泡沫对于传动系统危害很大,目前普遍采用的液力变矩器和变速器是同一油路系统供油的。因此它既是变矩器传递功率的介质,又是变速器自动控制的介质和润滑冷却的介质。

(4)良好的抗磨性能。只有良好的抗磨性能才能保证:
①行星齿轮中各齿轮传动的需要。
②离合器片工作效能的需要。
③自动变速器寿命的需要。

(5)与系统中橡胶密封材料的匹配性好。目前自动变速器中多使用的是丁腈橡胶、丙烯橡胶及硅橡胶等,要求ATF使其不能有太明显的膨胀,也不能使之硬化变质。

(6)良好的摩擦特性(换挡性能)。这是保证传动齿轮工作平顺的关键,并能降低噪声,延长寿命。

(7)防腐(防锈)性能优良。在传动装置和冷却器中安装有铜接头、黄铜轴瓦、黄铜过滤器及止推垫圈等部件。这些部件中均含有大量的有色金属,因此ATF必须要保证不会引起铜腐蚀和其他金属生锈。

(8)贮存安定性优良。ATF在一定温度范围内和一定时间应该保证均相,且没有分解,而且是ATF各成分不应该出现分层或析出等现象。

二、实施作业

一种型号的自动变速器,可能使用在多种类型汽车上。因此,在进行任何维修工作之前,首先应该确认所维修的自动变速器的型号,这样才能获取准确无误的维修数据,并保证随后的工序、特殊过程处理及安装的正确。本书以AL4自动变速器为例进行讲解。需要提示的是:拆卸下左右传动轴、车速传感器、自动变速器油压传感器以及交换器流量电磁阀时不用放变速器油,AL4自动变速器油为终身润滑。

学习任务八　自动变速器油(ATF)的检查与更换

引导问题5　自动变速器油(ATF)的检查与更换的准备工作有哪些?

自动变速器油的检查和更换作业前需要做好如下准备工作。
(1)整车爱丽舍轿车或爱丽舍轿车底盘。
(2)每组一套底盘拆装工具、零部件盆。
(3)常用量具。
(4)每组一套回收桶、加油机、举升机。
(5)熟悉汽车维修的安全规则,熟悉举升机的使用方法和注意事项。
(6)维修手册、工单。
(7)车辆保护装置。
(8)材料:自动变速器油。
(9)汽车进入工位前,将工位清理干净,详见任务一引导问题8。
(10)查找自动变速器铭牌,根据铭牌内容查找维修手册,完整下列资料:
车型＿＿＿＿＿＿＿＿＿＿＿＿＿＿＿＿＿＿＿＿＿＿＿＿＿＿＿＿＿＿＿＿＿＿＿;
铭牌位置＿＿＿＿＿＿＿＿＿＿＿＿＿＿＿＿＿＿＿＿＿＿＿＿＿＿＿＿＿＿＿＿＿;
自动变速器型号＿＿＿＿＿＿＿＿＿＿＿＿＿＿＿＿＿＿＿＿＿＿＿＿＿＿＿＿＿;
自动变速器油更换周期＿＿＿＿＿＿＿＿＿＿＿＿＿＿＿＿＿＿＿＿＿＿＿＿＿;
自动变速器油的加注类型＿＿＿＿＿＿＿＿＿＿＿＿＿＿＿＿＿＿＿＿＿＿＿＿;
自动变速器油的加注量＿＿＿＿＿＿＿＿＿＿＿＿＿＿＿＿＿＿＿＿＿＿＿＿＿。

小提示

不同车型所需工具不同,具体工具可查找相对应车型的技术资料。

引导问题6　自动变速器油(ATF)放油—加油—检查液面工作步骤和技术要求有哪些?

(1)自动变速器油的放油步骤。
①将汽车举升至轮胎离开地面20cm的高度,注意检查汽车是否水平,如图8-19所示。
②起动汽车,怠速运行2～3min,如图8-20所示。

图 8-19　汽车离地 20cm，检查是否水平

图 8-20　汽车怠速运行 2~3min

③将变速器变速杆置于 P 位，关闭点火开关，拉紧驻车制动器操纵杆，如图 8-21 所示。

④将汽车举升到适当高度，落下举升机安全锁，如图 8-22 所示。

图 8-21　换入 P 位

图 8-22　落下举升机安全锁

⑤拆下汽车底板，如图 8-23 所示。

图 8-23　拆下汽车底板

⑥将废油回收桶推至自动变速器下方，对正放油螺塞，如图 8-24、图 8-25 所示。

学习任务八　自动变速器油(ATF)的检查与更换

图8-24　废油回收桶对正放油螺塞

图8-25　自动变速器放油螺塞

⑦用套筒扳手拧松自动变速器放油螺塞,放出大约3L油,如图8-26、图8-27所示。

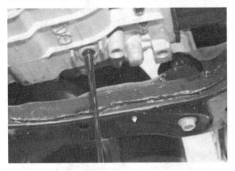
图8-26　拆自动变速器放油螺塞

图8-27　放自动变速器油

　小 提 示

①放油时应在热态58～68℃时进行,以淘汰变速器油中的悬浮物,放油只能放掉一部分,因为液力变矩器内的油是放不完的。

②自动变速器的油有一定的温度,小心烫伤。

(2)自动变速器油的加油步骤。

①重新安装放油螺塞,注意用新的密封垫,拧紧至33N·m,如图8-28所示。

②拧下加油螺塞,使用自动变速器加油桶加注约6L油,如图8-29所示。

③重新装上加油螺塞,注意使用新的密封垫,拧紧至24N·m。

　小 提 示

如果操作时变速软轴挡住加油口,可以将变速杆拉至D位使之让开。

图8-28　重新安装放油螺塞　　　图8-29　加注自动变速器油

（3）检查自动变速器油液面步骤。

①卸下加油螺塞，加0.5L变速器油，拧上加油螺塞。

②启动发动机，踩下制动踏板，把变速杆换到各挡位并停留片刻，如图8-30～图8-33所示。

图8-30　换入P位　　　图8-31　换入R位

图8-32　换入N位　　　图8-33　换入D位

③把变速杆置于P位让发动机怠速旋转。

④通过ELIT或PROXLA观察变速器油温上升到58～68℃时才能检查液面。

⑤卸下液面螺钉，如有少量油流出，然后一滴一滴往下滴，则说明液面高度正常。则拧上液面螺钉，其拧紧力矩为24N·m。如果一滴一滴往下滴或没有油滴出，

学习任务八 自动变速器油(ATF)的检查与更换

则说明液面高度不足,先拧紧液面螺钉。

⑥关闭发动机,再从加注口加0.5L变速器油,重复步骤②~⑤,直至液面高度正常为止。

⑦拧紧加油螺塞,拧紧力矩为24N·m。

小 提 示

检查液面前应让车辆水平放置,用诊断仪检查变速器确定无故障。轿车每行驶60000km应检查一次液面,新车和首次维护时不需检查液面。

如果变速器油液面过高,会导致变速器油异常发热或变速器油泄漏。相反液面过低,会导致变速器损坏。

小 提 示

每次加0.5L新油后,须把油液损耗计数器减2500个单位。无诊断仪不允许检查液面。加注的变速器油应为雪铁龙专用油,检查液面必须在发动机运转时进行。

引导问题7　自动变速器油(ATF)的检查与更换的结束工作有哪些?

(1)将汽车降轮胎离开地面20cm高度,启动发动机,变换变速器挡位,让汽车带挡运行3~5min。

(2)将变速杆置于空挡位置,关闭点火开关,拉紧驻车制动器操纵杆,将汽车举升到适当高度,落下举升机安全锁。

(3)检查自动变速器放油螺塞和加油螺塞处是否有油液泄漏。

(4)确认没有泄漏后将汽车降落至地面。

(5)车辆的清理:详见学习任务一引导问题12。

(6)工具的清理:详见学习任务一引导问题12。

(7)场地的清理:详见学习任务一引导问题12。

三、评价与反馈

(1)对本学习任务进行评价,见表8-2。

评 分 表   表 8-2

考核项目	评 分 标 准	分值	学生自评	小组评价	教师评价	小计
团队合作	是否和谐	5				
活动参与	是否积极主动	5				
安全生产	有无安全隐患	10				
现场5S	是否做到	10				
任务方案	是否正确、合理	15				
操作过程	①作业前的准备工作； ②自动变速器油的检查； ③自动变速器油的更换； ④更换自动变速器油后的试车	30				
任务完成情况	是否圆满完成	5				
工具与设备使用	是否规范、标准	10				
劳动纪律	是否严格遵守	5				
工单填写	是否完整、规范	5				
	总分	100				
教师签名：			年 月 日		得分	

（2）在实施作业时都有哪些安全注意事项？每个安全注意事项你都注意到了吗？如果没有，找出忽略的地方和原因。

（3）能否向车主解释自动变速器油检查方法？如果不能，分析原因并提出改进措施。

四、学习拓展

(1) 哪些情况需要更换自动变速器油?

(2) 没有选择合适的自动变速器油会导致什么后果?

(3) 自动变速器油过多或过少分别会导致什么后果?

(4) 根据单排行星齿轮的运动情况,画表写出两排行星齿轮的运动情况。

学习任务九

自动变速器故障警告灯点亮的诊断

学习目标

完成本学习任务后,你应当能:
1. 了解自动变速器常见故障现象;
2. 了解自动变速器故障诊断方法;
3. 了解自动变速器的检查与试验;
4. 准确规范的进行自动变速器故障警告灯点亮的诊断;
5. 了解顺序电磁阀的拆装。

 建议完成本学习任务的时间为 **10** 课时。

 学习任务描述

一辆 1.6L 爱丽舍自动挡轿车行驶时自动变速器故障警告灯点亮,车主请你对该车进行故障诊断,找出故障原因。需要你对自动变速器进行故障诊断。

学习任务九 自动变速器故障警告灯点亮的诊断

学习内容

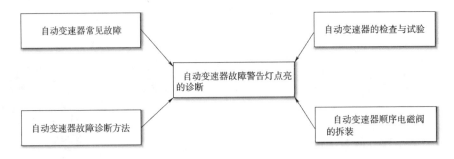

一、资料收集

引导问题 1 自动变速器常见故障诊断有哪些?

在汽车使用过程中,自动变速器常见的故障主要有以下 13 种,见表 9-1。

自动变速器常见故障现象、原因与诊断方法　　　　　表 9-1

故障	故障现象	故障原因	诊断方法
变速器油容易变质	变速器油在较短的时间内变质、变速器油温度过高	1. 变速器油温过高; 2. 变速器油本身质量不佳	1. 汽车以中低速行驶 5~10min,检查自动变速器油散热器温度是否 60℃左右; 2. 若油温正常,则可能是自动变速器使用不当或变速器油质量的问题
汽车不能行驶	变速杆置于倒挡或任一前进挡汽车均不能行驶	1. 自动变速器主油路油压偏低; 2. 变速杆与手动阀之间的连接杆或拉索松脱; 3. 变速器损坏或不能传递动力; 4. 变矩器损坏或不能传递动力	1. 检查自动变速器的油面高度; 2. 检查自动变速器变速杆与手动阀摇臂之间有无松脱; 3. 检查主油路油压
变速器打滑	起步时踩下加速踏板,发动机转速上升很快但车速升高缓慢;上坡时无力,发动机转速上升很高	1. 液压油油面太低; 2. 离合器或制动器磨损严重; 3. 管路漏油造成主油路油压低; 4. 锁止离合器打滑	1. 检查液压油油面高度和油的品质;若液压油变色或有烧焦味,说明离合器或制动器的摩擦片烧坏,应拆检自动变速器; 2. 路试检查,若所有挡都打滑,原因出在前进离合器上

续上表

故　障	故障现象	故障原因	诊断方法
换挡时冲击较大	起步时，变速杆从P或N换入D或R位时，汽车振动大；行驶中，自动变速器升挡瞬间产生振动	1. 发动机怠速过高； 2. 主油路油压高； 3. 升挡过迟； 4. 真空式节气门阀真空软管破损； 5. 减振活塞卡住，不起减振作用； 6. 止回阀球漏装，制动器或离合器接合过快； 7. 换挡组件打滑； 8. 油压电磁阀故障； 9. 电控单元故障	1. 检查发动机怠速； 2. 检查、调整节气门拉线和节气门位置传感器； 3. 检查真空式节气门阀的真空软管； 4. 路试检查自动变速器升挡是否过迟，检测主油路油压； 5. 检查换挡时主油路油压； 6. 检查油压电磁阀的工作是否正常
升挡迟缓	在汽车行驶中，自动变速器升挡的车速明显过高，升挡时发动机的转速也明显高于正常值	1. 节气门拉索或节气门位置传感器调整不当； 2. 节气门位置传感器不良； 3. 车速传感器或其电路不良； 4. 主油路油压调节或油压电磁阀不良； 5. 自动变速器计算机故障	1. 进行故障自诊断操作，看是否有故障码； 2. 检查节气门拉索或节气门位置传感器调整情况； 3. 检查发动机怠速时的主油路油压； 4. 检查自动变速器计算机与传感器和油压控制电磁阀之间的线路； 5. 检查节气门位置传感器、车速传感器和油压电磁阀。如果均为良好，则需更换计算机再试
不能升挡	行驶途中自动变速器只能升1挡，不能升2挡及高速挡；或可以升2挡，但不能升3挡或超速挡	1. 节气门拉线或节气门位置传感器调整不当； 2. 调速器存在故障； 3. 调速器油路漏油； 4. 车速传感器故障； 5. 2挡制动器或高挡离合器存在故障； 6. 换挡阀卡滞或挡位开关故障	1. 电控自动变速器应先进行故障诊断； 2. 检查调整节气门拉线和节气门位置传感器； 3. 检查车速传感器； 4. 检查挡位开关信号； 5. 测量调速器油压
无超速挡	汽车在行驶过程中不能升入超速挡	1. 超速挡开关或超速电磁阀不良； 2. 超速挡制动器打滑； 3. 超速行星排的直接离合器或单向离合器卡死； 4. 挡位开关不良； 5. 变速器油温传感器不良； 6. 节气门位置传感器不良； 7. 3-4换挡阀卡滞； 8. 自动变速器计算机有故障	1. 进行故障自诊断操作； 2. 检查自动变速器油温传感器； 3. 检查挡位开关的信号； 4. 检查节气门位置传感器的输出信号； 5. 检查超速挡开关； 6. 检查超速电磁阀工作情况； 7. 检查空挡下能否升挡； 8. 拆开自动变速器检查3-4换挡阀有无卡滞，在有关传感器、电磁阀及其线路检查均为良好的情况下，须更换自动变速器计算机再试

学习任务九　自动变速器故障警告灯点亮的诊断

续上表

故　　障	故障现象	故障原因	诊断方法
无前进挡	变速杆置于D位时不能起步,在S位或L位时则可以起步,换入倒挡也能行驶	1.前进离合器打滑; 2.前进单向离合器打滑或装反; 3.前进离合器控制油路严重泄漏; 4.变速杆位置调整不当	1.检查变速杆位置是否正常。如果不正常,予以调整; 2.检查前进离合器控制油路油压是否正常
无倒挡	汽车换前进挡能正常行驶,但换入倒挡时就不能行驶	1.自动变速器变速杆位置不当; 2.倒挡控制油路泄漏; 3.倒挡及高挡离合器或低挡及倒挡制动器打滑	1.检查自动变速器变速杆的位置是否正确; 2.检查倒挡油路的油压
跳挡频繁	汽车在行驶中,加速踏板没有动,但经常会出现突然降挡	1.节气门位置传感器不良或其线路连接不良; 2.车速传感器不良或其线路连接不良; 3.换挡电磁阀或其线路连接不良; 4.自动变速器计算机有故障	1.进行故障自诊断操作; 2.检查节气门位置传感器与计算机之间的线路及节气门位置传感器; 3.检查车速传感器与计算机之间的线路及车速传感器; 4.检查换挡电磁阀线束插接器有无松动; 5.检查自动变速器计算机电源插脚的工作电压,如果均正常,则需要换计算机
发动机无制动作用	汽车在行驶过程中,自动变速器变速杆在S或L位时,松开制动踏板无发动机制动作用	1.挡位开关位置调整不当; 2.自动变速器变速杆位置不当; 3.2挡强制制动器打滑或低挡及倒挡制动器打滑; 4.发动机制动控制电磁阀不良; 5.自动变速器阀体有故障; 6.自动变速器有故障(打滑); 7.电子控制系统有故障	1.进行故障自诊断操作; 2.进行自动变速器路试,检查变速器有无打滑和无发动机制动的故障情况; 3.检查发动机制动控制电磁阀线束插接器是否松动,电磁阀线圈是否正常; 4.检查计算机与传感器之间的线路有无松脱,检测计算机的工作电压是否正常; 5.如果更换计算机后故障依旧,则需拆开自动变速器,清洗所有的控制阀
自动变速器不能强制降挡	汽车在高挡行驶时,用突然将加速踏板踩到底的方法不能使自动变速器立即降低一个挡位,导致汽车加速无力	1.节气门拉索或节气门位置传感器调整不当; 2.强制降挡开关接触不良或位置不对; 3.强制降挡控制阀损坏或其线路不良; 4.强制降挡控制阀卡滞	1.检查节气门拉索或节气门位置传感器的安装是否正常; 2.检查强制降挡开关; 3.检查强制降挡电磁阀线路的连接情况; 4.拆开自动变速器,检查和清洗强制降挡控制阀
自动变速器异响	汽车在行驶过程中自动变速器有异响,停车挂空挡后异响消失	1.变速器油面过高或过低; 2.油泵磨损严重; 3.变矩器锁止离合器、导轮单向离合器等损坏而产生异响; 4.行星齿轮损坏而产生异响; 5.变速器换挡执行元件产生异响	1.检查自动变速器油面的高度; 2.如果在任何挡位下自动变速器前部始终有连续的异响,则可能是油泵或液力变矩器发出的异响,应拆检油泵和变矩器; 3.如果在换入空挡后自动变速器异响就消失,则为行星齿轮变速器发出的异响,应拆检齿轮变速器

引导问题2 自动变速器的检查与试验有哪些?

1 自动变速器的检查

自动变速器的检查我们主要做常规检查和基本检查。

（1）自动变速器的常规检查,主要是指依靠看、听、摸、闻等方法,根据用户反映的自动变速器的表面现象分析故障原因。

①看：主要是指了解车型、生产年代、自动变速器型号等信息。外观上有无漏油、松动、变形和路试时有无延长变化。

②听：利用耳朵或专用工具确定异响部位。

③摸：主要是感觉自动变速器温度的变化和电器元件的温度。

④闻：嗅闻自动变速器有无异常的气味。

（2）自动变速器的基本检查,主要是指发动机有关项目检查、自动变速器外部机构的检查和自动变速器油的检查。

①发动机检查主要是发动机怠速检查和节气门全开试验。

②外部机构的检查主要是指节气门拉索的检查、换挡机构的检查、空挡起动开关的检查和强制降挡开关的检查。

（3）自动变速器油的检查主要是油面和油质的检查。

2 自动变速器的试验

自动变速器的试验包括失速试验、时滞试验、道路试验和液压试验。

（1）失速试验主要是检查发动机、液力变矩器、换挡执行元件的工作是否正常,主要试验方法为：

①将汽车用三角木固定前后车轮并拉好驻车制动器,用力踩住制动踏板后启动发动机。

②将自动变速器变速杆置于 D 位,然后将加速踏板踩到底。

③当发动机转速不再升高时读取此时发动机转速。

④松开加速踏板,将自动变速器变速杆置于 P 或 N 位,防止液压油因温度过高而变质。

⑤将自动变速器变速杆置于其他挡位,重复以上步骤。

试验结果分析见表9-2。

学习任务九 自动变速器故障警告灯点亮的诊断

失速试验结果分析　　　　　　　　　表 9-2

自动变速器变速杆	失速转速	故障原因
所有位置	过高	1. 主油路油压过低； 2. 前进挡和倒挡的抵挡执行元件打滑； 3. 低挡及倒挡制动器打滑
所有位置	过低	1. 发动机动力不足； 2. 变矩器导轮的单向超越离合器打滑
仅在 D 位	过高	1. 前进挡油路油压过低； 2. 前进离合器打滑
仅在 R 位	过高	1. 倒挡油路油压过低； 2. 倒挡及高挡离合器打滑

(2) 时滞试验：在发动机怠速运转时将变速杆从空挡(N)位拨至前进挡(D)或倒挡(R)位后，需要有一段短暂时间的迟滞或延时才能使自动变速器完成挡位的接合(此时汽车会产生一个轻微的振动)，这一短暂的时间称为自动变速器换挡的迟滞时间。

时滞试验就是测出自动变速器的迟滞时间，根据迟滞时间的长短来判断主油路油压及换挡执行元件的工作是否正常。迟滞时间的大小取决于自动变速器油路油压、油路密封情况以及离合器和制动器的磨损情况。

主要试验方法为：

①让汽车行驶，使发动机和自动变速器达到正常工作温度。

②将汽车停放在水平地面上，拉紧驻车制动器操纵杆。

③检查发动机怠速。如不正常，应按标准予以调整。

④将自动变速器变速杆从空挡(N)位拨至前进挡(D)位，用秒表测量从拨动变速杆开始到感觉到汽车振动为止所需的时间，称为 N→D 迟滞时间。

⑤将变速杆拨至空挡(N)位，让发动机怠速运转 1min 之后，再重复做一次同样的试验。

⑥做 3 次试验，取其平均值。

⑦按照上述方法，将变速杆由空挡(N)位拨至倒挡(R)位，以测量 N→R 迟滞时间。

标准数据：

N→D 迟滞时间小于 1.0 ~ 1.2s。

N→R 迟滞时间小于 1.2 ~ 1.5s。

试验结果分析见表 9-3。

时滞试验结果分析 表9-3

现　象	原因分析	现　象	原因分析
从 N→D 滞后时间大于规定值	1.油路压力过低； 2.前离合器磨损； 3.超速单向离合器打滑； 4.超速离合器磨损	从 N→R 滞后时间大于规定值	1.油路压力过低； 2.倒挡离合器磨损； 3.3号制动器磨损； 4.超速单向离合器打滑； 5.超速离合器磨损

(3)道路试验是诊断、分析自动变速器故障的最有效的手段之一。此外，自动变速器在修复之后，也应进行道路试验，以检查其工作性能，检验修理质量。自动变速器的道路试验内容主要有：升挡检查、升挡车速检查、升挡时发动机转速检查、换挡质量检查、锁止离合器工作状况的检查、发动机制动作用的检查、强制降挡过程的检查。

(4)液压试验主要是检查油泵、油压调节阀、节气门阀、油压电磁阀、调速器及自动变速器油等的工作状况，用以分析自动变速器性能和故障判断。

测试主油路油压时，应分别测出前进挡和倒挡的主油路油压。

①前进挡主油路油压测试方法：

a.拆下自动变速器壳体上的主油路测压孔或前进挡油路测压孔螺塞，接上油压表。

b.启动发动机，将变速杆拨至前进挡(D)位。

c.读出发动机怠速运转时的油压，该油压即为怠速工况下的前进挡主油路油压。

d.用左脚踩紧制动踏板，同时用右脚将加速踏板完全踩下，在失速工况下读取油压，该油压即为失速工况下的前进挡主油路油压。

e.将变速杆拨至空挡(N)或停车挡(P)位，让发动机怠速运转1min以上。

f.将变速杆拨至各个前进低挡(S、L或2、1)位，重复上述c～e的步骤，读出各个前进低挡在怠速工况和失速工况下的主油路油压。

②倒挡主油路油压测试方法：

a.拆下自动变速器壳体上的主油路测压孔或倒挡油路测压孔螺塞，接上油压表。

b.启动发动机，将变速杆拨至倒挡(R)位。

c.在发动机怠速运转工况下读取油压，该油压即为怠速工况下的倒挡主油路油压。

d.用左脚踩住制动踏板，同时用右脚将加速踏板完全踩下，在发动机失速工况下读取油压，该油压即为失速工况下的倒挡主油路油压。

e. 将变速杆拨至空挡(N)位,让发动机怠速运转 1min。

试验结果分析见表 9-4。

液压试验结果分析   表 9-4

工况	测试结果	故障原因
怠速	所有挡位的主油路油压均太低	1. 油泵故障; 2. 主油路调压阀卡死; 3. 主油路调压阀弹簧软; 4. 节气门拉索或节气门位置传感器调节不当; 5. 节气门阀卡滞; 6. 主油路泄漏
怠速	前进挡和前进低挡的主油路油压均太低	1. 前进离合器活塞漏油; 2. 前进挡油路泄漏
怠速	前进挡的主油路油压正常; 前进低挡的主油路油压太低	1. B3 或 B1 活塞漏油; 2. 前进低挡油路泄漏
怠速	前进挡主油路油压正常; 倒挡主油路油压太低	1. 高、倒挡离合器活塞漏油; 2. 倒挡油路泄漏
失速	所有挡位的主油路油压均太高	1. 节气门拉索或节气门位置传感器调整不当; 2. 主油路调压阀卡死; 3. 节气门阀卡滞; 4. 主油路调压阀弹簧太硬; 5. 油压电磁阀损坏或线路故障
失速	稍低于标准油压	1. 节气门拉索或节气门位置传感器调整不当; 2. 油压电磁阀损坏或线路故障; 3. 主油路调压阀卡死或弹簧太软
失速	明显低于标准油压	1. 油泵故障; 2. 主油路泄漏

引导问题3 自动变速器故障诊断注意事项有哪些?

1 首先检查常见故障部位

电控自动变速器的机械部件和液压部件的制造加工精度都比较高,所以正常使用 1~2 年通常不会发生故障。而比较常见的故障是:ATF 液面高度不当或油质老化变质;液压系统漏油;节气门拉索(杆)或变速杆等联动装置松动或调节不当;发动机怠速不稳;电控系统线路连接松动或接触不良。通过外观检查,以上的故障可以迅速排除。

2 充分利用自诊断系统和检测仪器

电控自动变速器系统出现故障时,计算机的自诊断系统会记录下故障码,因此在检修前首先进行故障自诊断操作。即利用检测仪器或特定的方法将故障码从ECU中读出,为迅速地诊断故障的范围提供依据。

3 未确定故障大致范围时不要轻易分解

自动变速器的分解应该是故障诊断的最后步骤。因为在未分解前,可通过相关的试验方法判断故障在液压系统还是机械系统或者是电子系统,通过具体的试验还可以判断出是液压系统的哪一部分故障。这样可以避免不必要的拆卸,对判断故障部位非常有利。

引导问题4 自动变速器故障诊断步骤有哪些?

自动变速器故障诊断方法为:

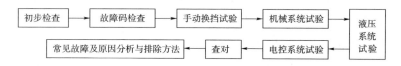

具体步骤为:

(1)根据故障现象分析,进行故障现象确认;

(2)如果是电控自动变速器,而且故障指示灯亮,首先进行自我诊断读取故障码,排除故障码所代表的故障;

(3)进行自动变速器和发动机的常规检查;

(4)进行失速试验,检查发动机和自动变速器内部机械技术状况;

(5)手动换挡试验,确定故障是在电控部分还是在自动变速器内部;

(6)进行时滞试验,检查自动变速器的离合器、制动器的磨损情况;

(7)电子控制系统自我诊断和组件及线路检测;

(8)油压测试,检查油泵、调压阀、调速器油压和油路压力;

(9)进行道路试验,检查自动换挡点、有无异常噪声、振动、打滑以及发动机的制动作用等;

(10)综合各项测试结果,分析和判断故障原因和部位。

学习任务九 自动变速器故障警告灯点亮的诊断

引导问题5 自动变速器出现故障,SPT(运动)灯和＊(雪地)灯交替闪烁的原因有哪些?

仪表板的程序选择器中有SPT模式指示灯和＊模式指示灯,指示灯除了可以显示挡位的指示灯外,还是自动变速器的故障灯。

当自动变速器出现以下故障时,SPT灯和＊灯交替闪烁。

(1)变速器油过热。

(2)变速器油使用里程较长(读数为32958)。

(3)自动变速器计算机和仪表板之间联系中断。

(4)自动变速器计算机有故障。

(5)计算机供电故障。

(6)油压传感器故障。

(7)顺序电磁阀供电故障。

(8)主油道压力调节故障。

(9)多功能开关故障。

(10)顺序电磁阀(EVSI-EVS6)故障。

(11)压力调节电磁阀(EVM)故障。

(12)变矩器锁止电磁阀(EVLV)故障。

(13)流量调节电磁阀(EPDE)故障。

(14)加速踏板未初始化。

(15)输入转速和输出转速信号丢失。

(16)输入转速和发动机转速信号丢失。

(17)输出转速和发动机转速信号丢失。

(18)发动机转速信息丢失。

(19)加速踏板位置信息丢失。

引导问题6 故障原因分析过程是怎样的?

一辆爱丽舍轿车,配备1.6L电喷发动机和AL4自动变速器。行驶约1000km时,出现冷车能起步,热车后车辆反而不能起步的故障。当车辆在冷态起步时,行车、换挡一切正常;当车辆运行一段时间后,即使换入雪地模式,车辆也无法起步;倒车任何时候都正常;故障报警灯SPT、＊不断闪烁;初步检查发现:用故障诊断仪读取故障码时,没有发现永久性故障。此时用诊断仪读出 ATF 温度为 94℃。很明显,车辆在运行到 ATF 温度上升到 94℃ 时,车辆不能起步,这是最为关键的故障现象。

1 分析过程

AL4 自动变速器的电子控制系统中设有自诊断系统和报警功能。当发生速度传感器、油压传感器、主压力调节电磁阀、顺序调节电磁阀等电器故障时,仪表板上的运动和雪地指示灯 SPT 及 ∗ 同时闪烁,发出故障警报并使变速器转入应急备用方式工作。

一般情况下,AL4 自动变速器在备用模式下运行时,对换挡质量会有轻微影响,同时应能够进入强制 3 挡应急模式行驶,即变速杆在 D 位时,挡位被强制锁死在 3 挡,而此时故障车辆明显存在故障不能进入强制 3 挡,且仪表板上的故障报警灯和诊断仪又无故障显示,这就给故障的诊断带来了难度。为此,必须根据自动变速器的基本原理,逐步分析。

(1) ATM 油质检查——首先对油位、油品进行分析。自动变速器的任何挡位,都是由 ATF 的压力和流向来控制的。如果油量不足或油质变差,就可能导致没有任何挡位。但如果该车有倒挡,说明发生这种情况的可能性不大。通过对该车油位和油质的检查,的确没有发现问题,从根本上排除了 ATF 发生问题的可能性。

(2) 行星齿轮系统分析——然后依次对挡位进行以下分析。

①当故障出现时,在正常行驶模式 D 时车辆不能起步,这说明变速器没有 1 挡,因为在这种情况下,变速器是在 1 挡起步。当换到雪地模式时,还不能起步,这说明变速器没有 2 挡,因为这种情况下,变速器是在 2 挡起步,以避免打滑。可见该车同时没有 1 挡和 2 挡。

②根据换挡执行元件工作程序表可知,在 1 挡和 2 挡时,都需要 B_3 制动器参与制动,即 B_3 制动器是 1、2 挡分别工作时的共同执行元件。在 1、2 挡正常工作时,B_3 制动器分别固定前太阳轮。根据行星齿轮传动的基本原理,如果有一个主动元件而没有从动元件,则齿轮机构空转,即表现为没有挡位,效果与换入空挡相同。可见,问题就集中在制动器 B_3 及其控制元件上。

③如果制动器 B_3 的活塞、密封圈、制动带、复位弹簧发生故障,变速器没有 1、2 挡是必然的现象,果真如此,则要分解变速器总成。但故障车只行驶了 1000km 左右,制动器 B_3 发生故障的可能性不大,况且拆解变速器比较麻烦,根据从易到难的原则,应首先检查 B_3 的控制元件。

(3) 控制系统的分析——最后对控制元件进行分析。

①执行元件认定。根据执行元件工作程序可知，在1、2挡运行时，参与工作的控制元件只有EVS4电磁阀，即EVS4是制动器B_3的关键控制元件。而电磁阀发生故障有两种可能：电气故障和机械故障。

②电气故障。当任何一个电磁阀发生故障时，故障报警灯SPT、*应该同时闪烁；再者，如果是电气方面的问题，变速器应能够进入强制3挡应急模式，而此时故障车不能进入强制3挡，且诊断仪也没有读到电气故障。因此，可初步断定电磁阀发生电气故障的可能性不大，应重点检查电磁阀机械方面的故障。

③机械故障。当电磁阀发生机械故障时，电磁阀虽然动作了，但没有起到控制油液的作用，而该车在冷态时一切正常，ATF温度超过94℃时又不能起步，故障与温度有关，更说明了电磁阀机械件发生故障的可能性。

2 分析结果

根据上述分析的结果，疑点集中在EVS4电磁阀上。所有电磁阀都安装在液力控制阀体上，将EVS4电磁阀拆下，仔细检查电磁阀各个部位，如果发现电磁阀密封圈有一个小的裂口，这个密封圈上的小裂口正是引发整个故障的真正原因。在冷态下，ATF黏度较大，密封圈密封效果也好些，裂口处油液泄漏量不大，电磁阀可以正常控制制动器B_3的工作。当油温上升到94℃时，油液黏度略微变小，另外由于温升，密封圈密封效果也变差，泄漏量增大造成滑阀不能动作，B_3制动器活塞无油压驱动，前太阳轮不能固定，因此没有1、2挡。更换EVS4电磁阀后故障清除。

(1) 不要迷信变速器的自诊断结论。在上例中变速器的自诊断系统没有显示出故障信息，但故障现象的确存在。即自诊断系统不能反映电气元件的机械故障。

(2) 抓住故障的实质。在上例中变速器的故障主要表现在温度变化上，高温条件下车辆没有前进挡，但有倒挡。

(3) 按从简单到复杂的顺序进行分析。检查是从最简单的ATF油量和油质开始的，任何故障现象的分析都应该遵循这样的原则。不要开始就将问题想象的十分复杂，钻牛角尖。

(4) 变速器工作原理在分析过程中的作用。最终将故障嫌疑定在EVS4电磁阀上，是经过了对行星齿轮组工作的分析后，确认没有1、2挡的故障现象与制动器B_3有关。但车辆仅仅行驶了1000km，机械部分的故障可能性很小，故换挡执行元件故障的可能性最大。

(5) 电气元件也可能出现机械故障。EVS4电磁阀密封圈的裂纹是引起故障的最终原因，是电气元件的机械故障引起了高温条件下车辆不能前进的现象。

二、实 施 作 业

一种型号的自动变速器,可能使用在多种类型汽车上。因此,在进行任何维修工作之前,首先应该确认所维修的自动变速器的型号,这样才能获取准确无误的维修数据,并保证随后的工序、特殊过程处理及安装的正确。本书以 AL4 自动变速器为例讲解自动变速器故障诊断的方法,注意加注和放油位置,在实操前可将变速器油放出。

引导问题7 自动变速器顺序电磁阀拆装作业前的准备工作有哪些?

自动变速器顺序电磁阀拆装作业前需要做好如下准备工作。
（1）每小组一部举升机,爱丽舍轿车整车一辆或爱丽舍轿车底盘一部。
（2）每组一套底盘拆装工具、零部件盆。
（3）每组一套回收桶、加油机。
（4）熟悉汽车维修的安全规则,熟悉举升机的使用方法和注意事项。
（5）维修手册。
（6）车辆保护装置。
（7）材料:自动变速器油,爱丽舍轿车自动变速器新电磁阀一个以及密封垫若干。
（8）汽车进入工位前,将工位清理干净,详见学习任务一引导问题8。
（9）查找自动变速器铭牌,根据铭牌内容查找维修手册,完整下列资料:
车型＿＿＿＿＿＿＿＿＿＿＿＿＿＿＿＿＿＿＿＿＿＿＿＿＿＿＿＿＿＿＿＿＿＿；
铭牌位置＿＿＿＿＿＿＿＿＿＿＿＿＿＿＿＿＿＿＿＿＿＿＿＿＿＿＿＿＿＿＿；
自动变速器型号＿＿＿＿＿＿＿＿＿＿＿＿＿＿＿＿＿＿＿＿＿＿＿＿＿＿＿；
自动变速器油更换周期＿＿＿＿＿＿＿＿＿＿＿＿＿＿＿＿＿＿＿＿＿＿＿；
自动变速器油的加注类型＿＿＿＿＿＿＿＿＿＿＿＿＿＿＿＿＿＿＿＿＿；
自动变速器油的加注量＿＿＿＿＿＿＿＿＿＿＿＿＿＿＿＿＿＿＿＿＿＿。

小 提 示

不同车型所需工具不同,具体工具可查找相对应车型的技术资料。

学习任务九 自动变速器故障警告灯点亮的诊断

引导问题8 自动变速器顺序电磁阀拆装步骤和技术要求有哪些?

(1) 将车辆置于举升机上,如图9-1所示。
(2) 拔掉蓄电池的正、负极的接线端子,如图9-2所示。

图9-1 车辆置于举升机上

图9-2 拔掉蓄电池正、负极的接线端子

(3) 拆卸空气滤清器总成,如图9-3所示。
(4) 拆卸发动机下护板,如图9-4所示。

图9-3 拆卸空气滤清器总成

图9-4 拆卸发动机下护板

(5) 排空自动变速器油(参见学习任务八引导问题6操作),如图9-5所示。
(6) 拆卸支架;拆卸罩盖的固定螺栓,拆卸罩盖,如图9-6所示。

(7)小心地使用螺丝刀(在"a")松开电磁阀的插头;松开1个顺序电磁阀EVS4(在"b"处),如图9-7所示。

图9-5 排空自动变速器油

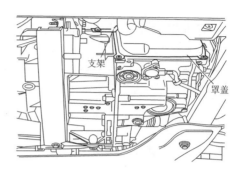

图9-6 拆卸支架和罩盖

(8)安装新顺序电磁阀(在"b"处)。

(9)安装:罩盖(新的密封圈);拧紧4个螺栓到10N·m。

(10)安装支架。

(11)重新连接蓄电池的正、负极端子。

(12)加注自动变速器油和进行液面检查。

(13)自动变速器油损耗ECU数值的更新。

(14)重新安装空气滤清器。

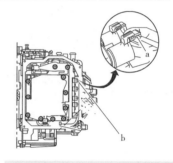

图9-7 松开1个顺序电磁阀EVS4

小提示

①拆顺序电磁阀时可不拆下液力控制盒。

②在每次重新安装时,更换电磁阀的密封圈。电磁阀的固定螺栓拧紧力矩为(10±1)N·m。

引导问题9 自动变速器故障诊断的结束工作有哪些?

(1)车辆的清理:详见学习任务一引导问题12。

(2)工具的清理:详见学习任务一引导问题12。

(3)场地的清理:详见学习任务一引导问题12。

学习任务九　自动变速器故障警告灯点亮的诊断

三、评价与反馈

（1）对本学习任务进行评价，见表9-5。

评　分　表　　　　　　　　　　　　　　　　　　表9-5

考核项目	评分标准	分值	学生自评	小组评价	教师评价	小计
团队合作	是否和谐	5				
活动参与	是否积极主动	5				
安全生产	有无安全隐患	10				
现场5S	是否做到	10				
任务方案	是否正确、合理	15				
操作过程	①作业前的准备工作；②自动变速器故障诊断步骤	30				
任务完成情况	是否圆满完成	5				
工具与设备使用	是否规范、标准	10				
劳动纪律	是否严格遵守	5				
工单填写	是否完整、规范	5				
总分		100				
教师签名：			年　月　日		得分	

（2）在实施作业时都有哪些安全注意事项？每个安全注意事项你都注意到了吗？如果没有，找出忽略的地方和原因。

（3）能否向车主解释自动变速器常见故障的诊断方法？如果不能，分析原因并提出改进措施。

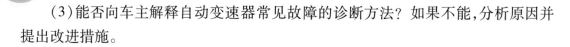

四、学习拓展

（1）单向离合器在自动变速器中应用，而 AL4 没有单向离合器，那么它是怎样控制的？

（2）辛普森式与拉威挪式行星齿轮机构组合的应用有哪些特点？

参 考 文 献

[1] 陈家瑞.汽车构造(下册)[M].4版.北京:人民交通出版社,2003.

[2] 邱志华.汽车传动系统维修工作业[M].北京:人民交通出版社,2009.

[3] 朱军.汽车底盘常见维修项目实训教材[M].北京:人民交通出版社,2009.

[4] 林德华.汽车构造与拆装(下册)[M].北京:人民交通出版社,2011.